AF365970

MADROLLE

DE MARSEILLE

A SAIGON

LES ESCALES DE LA TRAVERSÉE
DE FRANCE EN INDOCHINE

DJIBOUTI. ÉTHIOPIE
CEYLAN. MALAISIE

CARTES ET PLANS

LIBRAIRIE HACHETTE

PARIS
79, Boulevard Saint-Germain

1926

Librairie HACHETTE, 79, boulevard St-Germain, PARIS-6e.

GUIDES MADROLLE

Séries françaises

CHINE du *NORD*, Corée...................... 35 fr.
CHINE du *SUD*, Java, Japon................... 35 fr.
INDOCHINE du *NORD* (Tonkin, Annam, Laos) ... 35 fr.
INDOCHINE du *SUD* (Cochinchine, Cambodge,
  Sud-Annam, Siam)........................... 35 fr.

Sur l'*Indochine*

ANNAM CENTRAL. Hué. Mi-so'n..................
Baie de HA-LONG. Lang-so'n................... 6 fr.
HA-NOI et ses environs....................... 6 fr.
LIGNE du YUN-NAN. (Haiphong à Yunnan-fou).......
MARSEILLE à SAIGON. Les Escales. Djibouti. Éthio-
  pie. Ceylan. Malaisie...................... 10 fr.
SAIGON à TOURANE. La route mandarine du Sud An-
  nam. Le Lang-biang .... 12 fr.
SIAM.. 6 fr.
Vers ANGKOR................................. 12 fr.

Sur la *Chine*

CHANG-HAI. Vallée du Fleuve Bleu............. 5 fr.
FLEUVE JAUNE. Chan-tong, Chan-si. Ho-nan........ 2 fr.
HONG-KONG et la côte chinoise...................
MANTCHOURIE. Mongolie. Vladivostok.............. 2 fr.
Mont O-MEI.................................. 2 fr.
NORD-EST de la CHINE........................ 3 fr.
PÉKIN et ses environs....................... 5 fr.
RUDIMENTS de la Langue Chinoise (A. Vissière)....... 5 fr.

Divers

CORÉE .... 2 fr.
INDES du SUD. Ceylan........................ 3 fr.
JAPON. Honolulu .... 8 fr.
JAVA .... 6 fr.
Iles PHILIPPINES............................ 2 fr.

English Series

NORTHERN CHINA. Korea..................... 25 fr.

KOREA .... 2 fr. 50
MANCHURIA .... 2 fr. 50
NORTH-EASTERN CHINA.........................
PEKING and its Environs..................... 5 fr. »
SHANG-HAI and the Yang-tzu.................. 5 fr. »

ITINÉRAIRES

Marseille à Sài-gon.

Voyage par mer : les escales

Ceylan.

Malaisie.

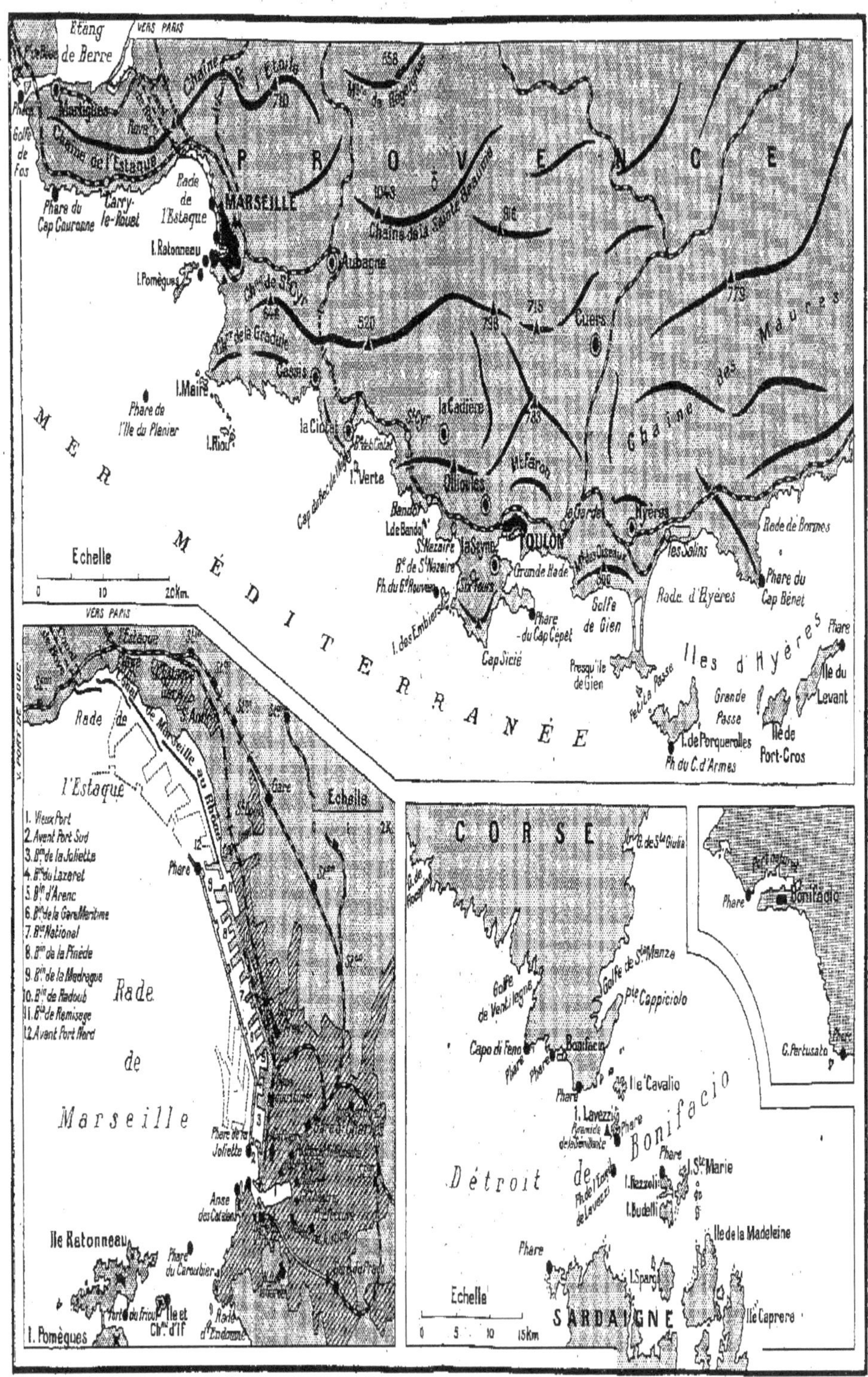

Etang de Berre
VERS PARIS
Golfe de Fos
P R O V E N C E
Chaîne de l'Estaque
Martigues
Phare du Cap Couronne
Carry-le-Rouet
Rade de l'Estaque
MARSEILLE
I. Ratonneau
I. Pomègues
Aubagne
Chaîne de la Ste Baume
158
713
Mt de Régagnas
1043
816
715
793
Cuers
779
Chaine des Maures
520
I. de la Gardiole
Cassis
I. Maïre
Phare de l'Ile du Planier
I. Riou
la Ciotat
Cap de l'Aigle
I. Verte
Bandol
I. de Bandol
S. Nazaire
B. de St Nazaire
Ph. du Gd Rouveau
la Cadière
Ollioules
Mt Faron
la Seyne
Six Fours
TOULON
Grande Rade
la Garde
Hyères
les Salins
Rade de Bormes
Phare du Cap Bénat
I. des Embiers
Phare du Cap Cépet
Cap Sicié
Golfe de Gien
Rade d'Hyères
Presqu'île de Gien
Petite Passe
Iles d'Hyères
Phare
Ile du Levant
Grande Passe
I. de Porquerolles
Ph du C. d'Armes
Ile de Port-Cros
M E R   M É D I T E R R A N É E
Echelle
0   10   20 Km.
VERS PARIS
V. PORT DE BOUC
Rade de l'Estaque
Rade de Marseille
1. Vieux Port
2. Avant Port Sud
3. Bin de la Joliette
4. Bin du Lazaret
5. Bin d'Arenc
6. Bin de la Gare Maritime
7. Bin National
8. Bin de la Pinède
9. Bin de la Madrague
10. Bin de Radoub
11. Bin de Remisage
12. Avant Port Nord
Phare
Echelle
Phare de la Joliette
Anse des Catalans
Ile Ratonneau
Phare du Caroubier
Port du Frioul
Ile et Chau d'If
Rade d'Endoume
I. Pomègues
C O R S E
G. de Sta Giulia
Golfe de Ventilegne
Golfe de Sta Manza
pte Cappiciolo
Capo di Feno
Phare
Bonifacio
Phare
Phare
Ile Cavallo
I. Lavezzi
Pyramide de la Semillante
Phare
Détroit   de   Bonifacio
Phare
Ph. de l'Ecueil de Lavezzi
I. Razzoli
I. Budelli
I. Sta Marie
Ile de la Madeleine
Phare
I. Sparg.
Ile Caprera
S A R D A I G N E
Echelle
0   5   10   15 Km.
Bonifacio
Phare
C. Pertusato
Phare

DE FRANCE EN INDOCHINE

Les Escales de **Marseille à Sàigon**

Djibouti. Éthiopie. Aden.

CEYLAN. MALAISIE

PARIS A MARSEILLE.

Ligne de grand trafic, du réseau de la *C¹ᵉ Paris-Lyon-Méditerranée*, 862 k. — Un train de luxe, six Rapides (traj. en 12 h. 30 et 13 h.), trois Express (en 16 h. et 17 h. 45), etc., partent chaque jour de *Paris* pour aller directement à *Marseille* (gare Saint-Charles).

Les trois premiers Rapides du soir (après 19 h.) arrivent le lendemain dans la matinée assez à temps pour l'embarquement sur les paquebots dont les départs ont lieu au début de l'après-midi.

Les arrêts principaux de ces Rapides sont : Laroche (à 155 k.), Dijon (315 k., en 4 h. 30), Lyon (512 k., en 7 h. 30), Valence (618 k.), Avignon (742 k., en 10 h. 50).

1. Marseille.

Marseille, premier port et seconde ville de France, est une vaste agglomération de 642.000 hab., siège de la préfecture des *Bouches-du-Rhône*, du XVᵉ corps d'armée, d'un sous-arrondissement maritime, d'un évêché, d'une faculté des sciences.

Vers Indoch. 1.

Marseille a surtout pris de l'extension depuis la conquête de l'Algérie et le développement des possessions d'outre-mer; c'est aujourd'hui l'emporium colonial de la France.

C'est aussi une des plus belles cités françaises; elle offre au touriste le spectacle curieux de ses ports, de ses promenades, de ses sites pittoresques, de l'animation de ses foules.

Centre commercial et industriel très important. Parmi ses industries : huiles, savons, graisses végétales alimentaires, bougies, produits chimiques, industries alimentaires, raffineries de sucre et de soufre, minoteries, tuileries, poteries, métallurgie, constructions mécaniques, automobiles, etc.

Hôtels: voir à l'INDEX TOURISTIQUE.

PRINCIPALES CURIOSITÉS :

Cannebière, principale artère conduisant au Vieux-Port.
Bourse, édifice de la mi-XIX⁰ s.
Vieux-Port; pont transbordeur (ascenseur; panorama).
Vers le N. :
Hôtel de Ville, du XVII⁰ s.
Promenade dans les *Vieux Quartiers*. Quartier de l'Hôtel-de-Ville et du Vieux-Port. Promenade pittoresque. Clocher des Accoules (Avoir un guide sûr si l'on veut visiter davantage ce quartier).
Cathédrale, de style bysantin, domine le port de la Joliette.
Nouveau Port, avec l'enfilade de ses bassins vers l'Estaque et le souterrain de Rove.
Vers le S. :
Jardin du Pharo; belle vue sur le Port. Ancien château de l'Impératrice Eugénie.
Église Saint-Victor, ancienne abbaye du XI⁰ s.
Notre-Dame de la Garde, sanctuaire célèbre; panorama splendide; ascenseur
Promenade de la Corniche, de 5 kil., en façade sur la mer.
Parc Borély. Château du XVIII⁰ s.; Musée d'archéologie.
Promenade du Prado (3 kil. 5). Son *parc* où se sont tenues les Expositions coloniales.
Vers l'E. :
Palais Longchamp, élevé sous l'Empire. Musée des Beaux-Arts. Jardin zoologique.
Promenade en mer.
Château d'If (service régulier, du quai des Belges).

Environs :
La Sainte-Beaume, dans l'E. Ermitage de Sainte Madeleine (38 k., alt. 994 mèt.); beau panorama; autocar depuis Aubagne, ou depuis Marseille par la montagne.
Martigues (36 k. N.-O.; ch. de fer), sur l'étang de Berre.

Historique. — Les débuts de *Massilia* sont bien obscurs, cependant l'origine d'un établissement grec sur les rives du *Lacydon* (ancien nom du Vieux-Port) est enveloppée d'une gracieuse légende qui rappelle un peu celle de la reine Lieou-ye et du prince Kaun*d*inya au pays des Khmer (Cambodge). Vers l'an 500 avant J.-C., une flotte d'Ionie aborda sur le littoral provençal où Gyptis, fille de Nannus, roi des Ségobriges, offrit la coupe d'hyménée à son jeune chef Euxène. Mais *Massilia* doit sa prospérité à son havre naturel et à sa situation au débouché de la vallée du Rhône. A l'époque des Gaules, ses marins entreprenants étaient déjà comme des rouliers des mers, intermédiaires du commerce entre les Romains, les Gaulois et les Ibères, tandis que des Grecs apportaient au Vieux-Port les produits de l'Orient. La flotte de Marseille battit les Carthaginois et les Étrusques et contint les pirates liguriens.

L'intervention de Rome dans les affaires des Gaules eut pour conséquence la création de la province romaine de la Narbonaise et la prépondérance de Marseille qui se maintint jusqu'à l'occupation de la place par les armées de César (49 avant J.-C.). La ville comprit deux quartiers murés : la partie romaine, ou ville haute, avec l'anse de la Joliette comme port, et la cité grecque avec le Vieux-Port; cette dernière conserva longtemps encore ses lois et ses libertés.

La ville eut beaucoup à souffrir des grandes invasions; elle fut ravagée par les Visigoths, les Bourguignons, les Sarrasins. Au contraire, le règne du bon roi René marqua pour elle une ère de prospérité. A sa mort (1481), la Provence passa à la couronne de France, à Louis XI.

Lors des guerres de François 1er, Marseille résista victorieusement (1524) aux troupes de Charles-Quint, commandées par le connétable de Bourbon.

Jusqu'en 1596, la ville manifesta toujours son caractère d'indépendance; elle refusa de reconnaître Henri IV; Louis XIV lui ôta ses franchises en 1660; cependant sous ce règne commença une époque des plus florissantes pour le commerce de son port. La peste de 1720 enleva près de 40.000 hab. Sous la Révolution, la ville ayant pris parti pour les Girondins, subit en 1793 le régime de la Terreur.

Marseille fut le berceau du sculpteur Pierre Puget (m. 1694), du poète Méry, de l'homme d'état Thiers.

Le *port* est fréquenté par des bâtiments de commerce de toutes les nationalités.

En 1913, il est entré ou sorti 17.278 navires d'un tonnage total de 21.090.820 T., ayant débarqué ou embarqué 9.847.555 T. de marchandises les plus diverses et 566.100 passagers.

Depuis la guerre, le port n'a pu encore retrouver son important mouvement d'antan, sauf pour celui des passagers.

L'Indochine y débarque du riz, maïs, coprah, minerai de zinc, graisses de poisson, antimoine, caoutchouc, etc., d'un tonnage de 70.000 T. env.

Départ pour l'Extrême-Orient.

Les passagers peuvent arriver à Marseille le matin du jour du départ du paquebot; cependant, ils auraient tout intérêt à s'y trouver la veille pour s'assurer de l'embarquement de leurs gros bagages.

Ils pourront remettre ce jour-là aux agences de navigation (avant 16 h.) leurs bulletins d'enregistrement de bagages du chemin de fer, à moins qu'ils ne préfèrent surveiller eux-mêmes le transport de leurs colis de la gare Saint-Charles au bateau.

Des étiquettes apparentes indiqueront le nom et l'adresse, la classe, la destination du passager, le nom du paquebot et la date du départ, enfin si la malle doit être arrimée dans le local spécial de la « soute à bagages, *Prévoyance* » au lieu de la « cale sans accès pendant le voyage ».

En plus des petits bagages de cabine, les passagers sont autorisés à transporter gratuitement jusqu'à 250 kilos en 1re classe, 150 k. en 2e, 75 k. en 3e ou 4e cl. Le surplus est taxé. Il est recommandé de faire assurer ses bagages contre les risques ordinaires de navigation.

Embarquement.

Quelques heures avant celle du départ, le passager, muni de son billet de passage, ira reconnaître la cabine et la couchette qu'il a préalablement fait arrêter (de préférence à bâbord à l'aller) et y déposera ses colis de cabine Puis, il reviendra dans la salle des bagages du quai d'embarquement pour y faire examiner ses malles par la douane et donner leur destination définitive· (Déclarer le contenu exact. N'emporter comme billets de banque que la somme autorisée.)

Acheter, ou louer, une chaise de pont ou fauteuil-pliant pour la traversée; choisir une place sur le pont à l'abri des escarbilles et de la réverbération.

Les personnes, qui désirent accompagner les passagers jusqu'au paquebot, doivent demander à l'agence une autorisation écrite pour être admises même à la salle des bagages.

Les *Messageries Maritimes* (3, place Sadi-Carnot) occupent dans le port la partie S. de la Traverse de la Joliette. Les paquebots lèvent l'ancre l'après-midi.

Marseille à Colombo en 18 j., à Pinang en 23 j., à Singapore en 24 ou 25 j., à Sài-gòn en 26 ou 27 j., à Hongkong en 32 j. ou à Hai-phong en 34 j.

Les *Chargeurs Réunis* (Worms, 26, rue Grignan) accostent dans la 4e section des Docks. Les paquebots partent généralement à 14 h.

Marseille à Colombo en 20 j., à Singapore en 26 j., à Sài-gòn en 29 j.

Peninsular and Oriental C. N. S. (Estrine Co., 18, rue Colbert). Les paquebots stationnent dans le Bassin National, au môle C, face méridionale.

Un train spécial de vagons-lits et restaurant, le« P. and O. Bombay Express», formé à Boulogne, passe en transit en France les voyageurs et petits-bagages venus de Grande-Bretagne et arrive le vendredi soir au môle C. Le paquebot part aussitôt vers minuit. Les passeports sont examinés pendant la traversée de la 'Manche.

Marseille à Colombo en 14 j. 1/2, à Pinang en 19 j., à Singapore en 21 j., à Hongkong en 26 j.

DÉBARQUEMENT.

Les grandes compagnies maritimes peuvent se charger à l'arrivée à Marseille, après l'accomplissement des formalités de *douane* par le passager : dè la déli. vrance des billets de chemins de fer, du transport des bagages en ville ou de leur réexpédition par voies ferrées ou maritimes.

2. Marseille à Port-Saïd.

1.510 milles m.

Le paquebot, sortant du port de Marseille, laisse à tribord l'îlot rocheux et le *château d'If*, que le roman d'Alexandre Dumas père, *Monte-Cristo*, a rendu populaire.

Le donjon, flanqué de tours et entouré d'une enceinte, fut construit sous François 1er. L'étroite forteresse, aux cachots étranges, servit surtout à enfermer des prisonniers d'État et des détenus politiques.

En arrière, le port du *Frioul*, créé entre les îles de Ratonneau et de Pomègues. Lazaret. — Puis, au large, le *phare* du *Planier*, tour haute de 65 mèt. portant un foyer lumineux visible jusqu'à 50 milles.

Marseille s'éloigne rapidement; cependant, le vaisseau faisant du S.-E., les côtes de Provence restent en vue pendant 60 milles : à bâbord, on aperçoit le phare de la *Ciotat* (chantiers de construction) et les lumières de la ville, le phare du *cap Sicié* (sémaphore), puis les feux de la rade de *Toulon*, port de guerre dissimulé entre le mont de Notre-Dame et le mont Faron, tout chauve. Enfin, la presqu'île de Giens, les îles de Porquerolles (phare, sémaphore), d'Hyères... au-delà desquelles le littoral de France disparaît fuyant dans le N.-E.

La route normale passe par le détroit de Bonifacio, cependant, lorsque la tempête souffle en mer, les vapeurs font le détour par le *cap Corse* pour trouver un abri passager.

Après 18 heures de mer, le phare des îles *Sanguinaires*, puis les côtes découpées de Corse sont en vue. A l'arrière plan, les montagnes granitiques s'étagent, drapées d'une forêt magnifique, pins laricios, chênes verts, hêtres, châtaigniers, tandis qu'une brousse odoriférante couvre les soulèvements moins élevés.

La Corse constitue un département français. Sa superficie est de 8.722 kmq.; sa population de 281.950 (1921).

L'île a, dans ses plus grandes dimensions, 183 k. du N. au S. et 84 de l'E. à l'O. Elle est à 160 k. des côtes de France. Son arête montagneuse est dominée par le mont Rotondo (2.672 mèt. d'alt.).

Sous une apparente uniformité de type, langue, mœurs et coutumes, les Corses cachent une assez grande diversité d'origines. Dans l'ensemble, ils ont une taille de 1,646, ce qui les classe près des petites tailles; leur indice céphalique est de 77, c'est-à-dire dolichocéphale.

Les Corses émigrent à Marseille et dans l'Afrique du Nord.

Rome occupa l'île en 238, mais ne la soumit qu'en l'an 162 avant J.-C. Après la chute de l'Empire, les Vandales, les Ostrogoths, les Byzantins, les Francs, les Sarrasins s'y établirent. Les Pisans vers 1070, les Génois en 1300 la placèrent sous leur domination. Il y eut cependant de nombreuses révoltes, plusieurs au XVIIIe s. Gênes céda la Corse à la France en 1768. Napoléon Ier naquit à Ajaccio le 15 août 1769.

Le *détroit de Bonifacio* sépare la Corse de la Sardaigne. A bâbord, se dresse sur des falaises de calcaire la ville de **Bonifacio** (4.000 hab.), dominant de 64 mèt. son hâvre naturel, creusé en plein roc, dont on aperçoit le goulet pendant un court moment.

Bonifacio est un chef-lieu de canton. Un prince toscan, Bonifacio, l'occupa et la fortifia en 828 après sa victoire navale sur les Sarrasins. La cité résista en 1420 aux Aragonais. Les Français, aidés des Turcs, s'en emparèrent en 1554, mais la restituèrent aux Génois au traité de Cateau-Cambrésis (1559).

C'est la seule ville de Corse possédant des églises gothiques (XIIe et XIVe s.). Un escalier, taillé dans le roc, mène de la citadelle au port et à l'unique fontaine. Grottes marines curieuses; la plus belle, celle de *Dragonetta*, est comparable à la grotte d'Azur de Capri.

Le *phare* de *Lavezzi* élevé sur les écueils qui causèrent, en 1855 (15 févr.), le naufrage de la frégate *La Sémillante* ayant à bord 800 hommes de troupe se rendant en Crimée.

Alphonse Daudet a évoqué cette tragédie dans ses *Lettres de mon moulin*. Une pyramide commémore ce sinistre.

Le navire trace son sillon, soit entre les îles de Lavezzi et de Razzoli, soit plus rarement dans l'étroit chenal appelé *passage de l'Ours*, proche de la Sardaigne.

Dans le S., la grande île *sarde*, défendue par de nombreux îlots rocheux, habités par une population vivant du produit de la pêche (sardine, thon).

Parmi ces îles, celle **della Maddalena** avec un bon port, que les Italiens ont fortement armé et organisé en station navale pour commander l'entrée des bouches.

A proximité, l'*île Caprera* d'où Garibaldi partit pour conquérir le royaume de Naples. Sépulture du condottiere (1882).

La Sardaigne est une terre italienne divisée en deux provinces (Caglieri et Sassari). Sa superficie est de 24.109 kmq.; la population sarde compte 866.700 âmes.

La formation géologique, l'orientation des montagnes sont les mêmes que dans l'île de Corse. La hauteur la plus importante est le mont Gennargentu (1.793 mèt.).

De l'époque néolitique, il reste de nombreux monuments, *menhirs* ou pierres levées (phallus) et sur des hauteurs des *nuraghi* (temples?), édifices construits en pierre sans ciment, à la façon de ceux des Pélasges.

Les Sardes sont dolichocéphales (76,5) et de petite taille (1,619).

L'île relève de la maison de Savoie depuis le traité de Madrid (1720).

On perd bientôt de vue les côtes arides de la Sardaigne et l'on traverse la mer Tyrrhénienne.

Avant de s'engager dans le détroit de Messine, on aperçoit, lorsqu'il fait nuit, les lueurs du *Stromboli*, volcan des îles Lipari.

Les flammes régulièrement jaillissantes servent de guide aux navigateurs et les fumées droites ou ondulantes indiquent aux pêcheurs les changements de temps.

C'est sur cette terre que les Anciens plaçaient la demeure du dieu des Vents, Éole. Ulysse y fit un séjour et emporta, enfermés dans des outres, les vents qui auraient pu contrarier son voyage de retour, mais les ballons s'ouvrirent pendant une nuit et déchaînèrent la tempête.

Des Croisés crurent entendre dans les grondements du volcan, les gémissements des âmes du purgatoire, dont le cratère du Stromboli aurait été l'entrée. Le sommet est à 921 mèt. d'alt.

En 1676, bataille navale indécise entre Duquesne et Ruyter.

Le phare de Messine est proche. Le cap *Faro* sur la côte de Sicile et le cap *Vaticano* sur la presqu'île de Calabre commandent le détroit. C'est au doublé du cap Faro qu'on laisse à tribord le tourbillon de *Charybde* (*Calofaro*) et à bâbord l'écueil de *Scylla*.

Homère, dans l'*Odyssée*, a dépeint la violence des remous, formés à l'entrée du goulet, qui engloutissent les embarcations les affrontant : *Incidet in Scyllam cupiens vitare Charybdim*, d'où l'expression *tomber de Charybde en Scylla*. Ces tourbillons sont provoqués par les changements de courant qui se produisent alternativement toutes les six heures; ils étaient fort redoutés des marins anciens qui prétendaient qu'en cherchant à éviter l'un, on était fatalement entraîné dans l'autre.

Dans la mythologie grecque, *Charybde* était la fille de Poseidon et de Gæa; elle attira la colère d'Héraklès et fut frappée de la foudre par Zeus qui la relégua dans le goufre marin. — *Scylla* était fille de Phorkos. Dans une accès de jalousie, Circé la métamorphosa en monstre marin; elle devint dès lors la terreur des navigateurs.

Le détroit de Messine a 42 k. de long et 3 à 18 k. de large; il fait communiquer la Mer Tyrrhénienne avec la mer Ionienne.

Ce passage, favorisé par un ciel pur, laisse un tableau inoubliable. A dr., c'est la Sicile, d'abord ondulée, verte et riante; à g., la Calabre montagneuse, ravinée, un peu desséchée.

RIVE SICILIENNE.

Faro, où les Anglais se retranchèrent pour empêcher les Français, conduits par Murat, de descendre en Sicile.

Pace, village de pêcheurs.

Messine.

Galati, en face de Reggio.

Scaletta, avec un château ruiné.

Ali, renommé par ses eaux sulfureuses.

La chaîne de montagnes, file dans le S.-O., dominée par l'*Etna*, haut de 3.312 mèt., un des volcans les plus actifs.

RIVE CALABRAISE.

Scilla, 8.000 h., détruit plusieurs fois par des tremblements de terre, dont celui de 1783. Un château des princes de Scilla domine la ville.

Villa S. Giovanni.

Catona, entourée de palmiers, d'orangers, de grenadiers.

Reggio.

S. Gregorio, et sur la hauteur, *Gallina.*

Pellaro. — *Lazzaro.*

Le *cap dell' Armi*. Cicéron y débarqua après l'assassinat de César.

Mélito.

La côte fuit dans le N. vers Tarente.

Messine (176.800 h.) est le siège d'une préfecture italienne. C'est une ville construite en amphithéâtre sur la montagne Dinnamare et en façade sur le détroit, mais les tremblements de terre l'ont détruite périodiquement et ont abattu sa cathédrale, édifiée par les comtes normands (xie-xiie s.). Le trafic de cette région comprend les fruits, le vin, l'huile.

Après le port, apparaît le *Campo Santo*, ou cimetière, dans un nid de verdure.

La cité ancienne prit parti tour à tour pour les Carthaginois, puis pour les Romains au temps des guerres puniques. Elle appartint aux Sarrasins (831), aux Normands (1061), aux rois angevins de Naples. Les Croisés s'y installèrent à plusieurs reprises et les Aragonais la conquirent. En 1674, elle se souleva et fut aidée par Louis XIV qui y fit tenir garnison à la demande du Sénat de la ville. Devant son port, Duquesne battit la flotte hollandaise de Ruyter qui y trouva la mort (1676).

Messine dépendit du royaume de Naples. Elle résista à Garibaldi.

Le terrible tremblement de terre du 28 décembre 1908, accompagné d'un formidable raz de marée, a causé dans tout le détroit des dégâts considérables. A Messine, il ensevelit 50.000 personnes et détruisit tous les monuments anciens. La ville nouvelle a repris la place de l'antique *Messana*.

Sur la rive opposée, **Reggio** (55.000 h.), siège de la préfecture de Calabre, au pied de l'Aspromonte, montagne de 1.974 mèt. d'alt., couverte de pins et de hêtres.

Rhegium Julii, puis *Santa Agata della Galline*, la ville fut prise par les Sarrasins (918), par le comte normand Robert Guiscard (1059) où son frères Roger Ier s'établit, par Frédéric Barberousse (1544), par les Turcs (1552 et 1597).

Comme tous les sites de la région, Reggio fut affecté par toutes les secousses terrestres, entre autres par celles de 1783, de 1841, de 1908.

Dans le S. de la Sicile, se dresse longtemps aux regards des marins le mont **Etna**, célèbre par ses phénomènes volcaniques. Parmi ses éruptions, on cite celle de 1183 qui fit périr 15.000 personnes, celle de 1669, 20.000, de 1693, 60.000. Ses mouvements ne coïncident pas nécessairement avec ceux du Vésuve ou des îles Lipari. Si l'Etna ravage parfois, il enrichit constamment par ses alluvions et ses poussières volcaniques les terres de culture de son voisinage.

Sur la côte S., *Taormina, Catane* (255.000 h.), *Syracuse*.

La *Sicile* a une superficie de 25.740 kmq. et une population de 4.132.100 hab. Son territoire est divisé en sept provinces.

L'île est en majeure partie de formation tertiaire. Les habitants sont dolichocéphales et de petite taille.

En s'éloignant de la « botte » de l'Italie, on quitte le monde de l'Europe occidentale, ses mœurs, ses coutumes, sa civilisation, pour d'autres mondes, d'autres aspects, d'autres peuples, d'autres langues, d'autres mentalités. La région vers laquelle on se dirige est l'Orient méditerranéen. Les courants de l'Adriatique, souvent même une mer agitée, rappellent aux passagers que les fossés séparatifs des deux contrées sont ici par 3 et 4.000 mèt. de fond.

Le quatrième jour de navigation, le paquebot passe en vue du cap Krio, à l'extrémité O. de l'île de **Crête**, où un sommet des Montagnes Blanches culmine à 2.470 mèt., puis assez près d'un grand rocher, le *Gaudo*.

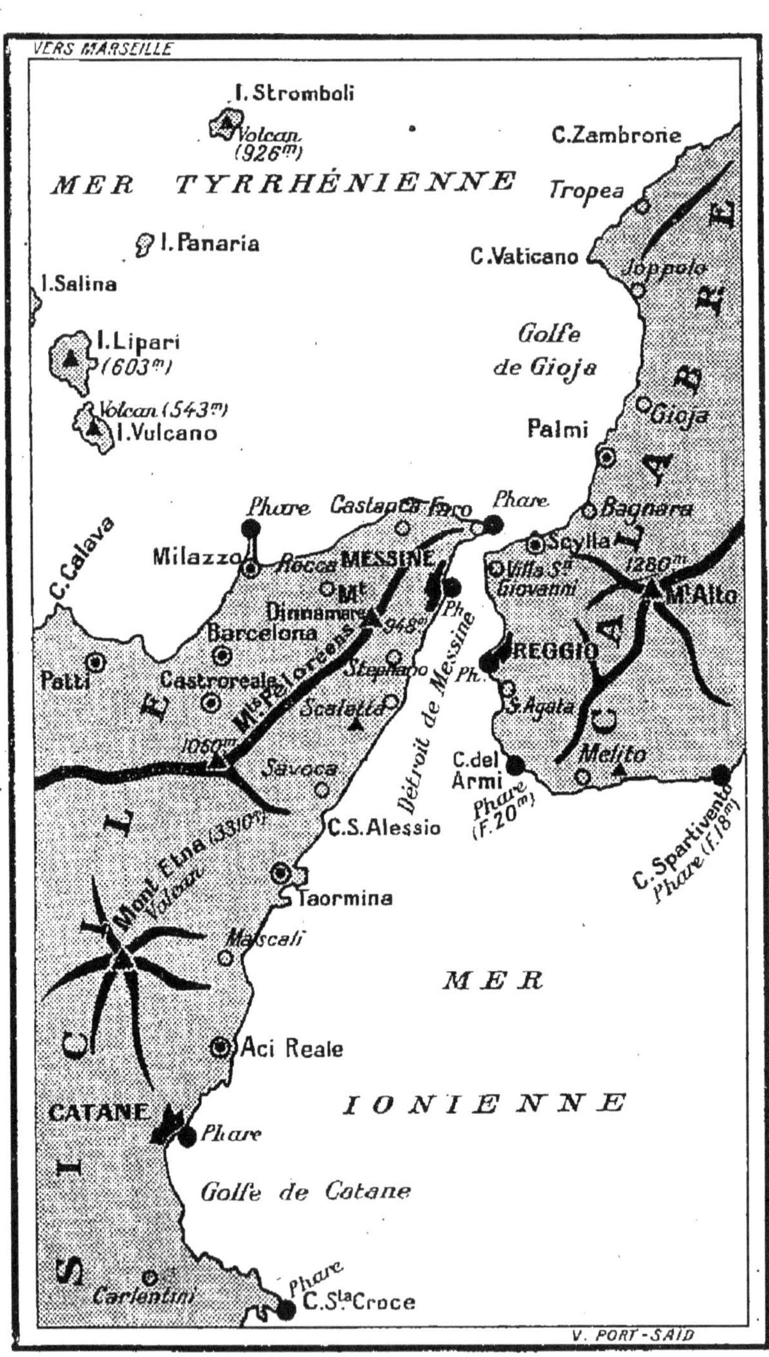

Le détroit de Messine.

La *Crète*, ou Candie, est une terre grecque de 8.618 kmq. (presque aussi grande que la Corse); sa population est de 325.000 hab. Capitale, *la Canée*.

L'île s'étend horizontalement au N. du 35° de latitude. Elle est un reste des chaînes qui reliaient la Morée (Grèce) à la Lycie (Asie) avant l'effondrement de l'Archipel.

La masse imposante du mont *Psiloritis*, le mont Ida des Anciens, avec ses 2.457 mèt. de haut, est le dernier point qu'on aperçoive de la Crète.

Loin dans le S., s'étend la Cyrénaïque, dépendance orientale de la Lybie italienne.

Le cinquième jour, les eaux marines, troublées par les limons du Nil, annoncent la proximité de l'Égypte, dont les côtes basses se confondent longtemps avec la ligne de l'horizon. Des touffes de palmiers vers Damiette rompent cette monotonie, puis on distingue le phare de *Port-Saïd*, enfin les maisons de la plage et la statue de Ferdinand de Lesseps dressée sur la jetée O.

Port-Saïd, première escale, est à 1.510 milles de Marseille, à 943 m. de Brindisi, à 1.305 m. de Trieste, à 1.410 m. de Gênes, à 935 de Malte, à 3.225 de Londres, et dans la direction opposée à 3.488 de Colombo et à 5.872 de Sài-gòn.

3. Le Canal de Suez.

Port-Saïd, 85.000 hab. dont un quart d'Européens (Grecs et Français en majorité), siège du gouvernement général égyptien de la province du Canal. Sur la rive asiatique, *Port-Fouad*.

Port-Saïd, assis sur le sable, fut créé en avril 1859. La ville doit son existence et son développement aux travaux et à l'exploitation du canal de Suez.

Hôtels : voir à l'INDEX TOURISTIQUE.

Le port est parfaitement abrité par deux grandes jetées, dont l'une a 2 k. de longueur. Il exporte des cotons et reçoit des charbons, du pétrole qui sont aussitôt pris par les nombreux vapeurs en escale.

Ces navires arrivent à toute heure du jour et de la nuit; ils débarquent leurs passagers d'Égypte, charbonnent, s'approvisionnent en eau et en vivres. Ceux qui doivent transiter par le canal prennent leur numéro d'ordre; les paquebots-poste ayant un droit de priorité de passage.

CANAL DE SUEZ.

Le *canal maritime de Suez* relie la Méditerranée à la mer Rouge, à travers le vaste désert sablonneux de l'isthme de Suez, entre l'Afrique et l'Asie.

Il conduit de Port-Saïd à Suez en empruntant la médiane des lacs Ballâh, Timsâh et Amers.

Cette voie ouverte à l'émulation pacifique des peuples, pour l'accroissement de la richesse mondiale, est l'œuvre d'un génial français, de Lesseps. Par ses origines, par son personnel, en majorité composé de Français, le canal est, en terre égyptienne, beaucoup de la France.

Historique. — Une tradition, recueillie par des auteurs grecs et romains, attribue à l'un des puissants pharaons de l'époque thébaine l'établissement d'un canal du Nil au désert. Détruit ou comblé, il fut plusieurs fois rétabli

Bonaparte, pendant sa campagne d'Égypte (fin XVIII° s.), fit le premier établir un projet de canal direct « d'une mer à l'autre ».

Un Français, Ferdinand de Lesseps, consul au Caire, se passionna pour la réalisation de ce problème, et après des années de travail, de démarches, il obtint du khédive Saïd Pacha le firman de concession du 30 nov. 1854.

Les travaux commencés en avril 1859, furent achevés en 1869, et l'inauguration du canal eut lieu cette même année le 17 nov. Pour fêter ce grand événement mondial, le khédive invita toutes les cours à cette solennité; l'impératrice Eugénie de France, l'empereur d'Autriche, les princes d'Angleterre, d'Italie, de Prusse, des envoyés de tous les grands États firent la traversée, en même temps que 48 bâtiments.

Construction. — Les premiers frais de construction du canal s'élevèrent à 414.000.000 de francs, couverts par des actions et obligations. Les recettes du trafic ont depuis permis à la Compagnie du Suez d'entreprendre des travaux considérables, d'agrandir les bassins de Port-Saïd, d'approfondir et d'élargir les chenaux d'accès et le canal lui-même pour donner satisfaction à l'armement.

De Port-Saïd à Suez (Port-Ibrahim), le canal a 162 k.; sa largeur va jusqu'à 135 mèt. à fleur d'eau et au moins 60 mèt. au plafond dans toute la région où il existe des courants de marée; sa profondeur ayant été augmentée, le tirant d'eau a été élevé à 9 mèt. 75, ce qui permet, depuis 1925, la traversée de paquebots d'une jauge nette de 18.000 T. (le *Belgenland*). Des garages ont été établis sur le trajet pour le croisement des bâtiments.

Le canal est ouvert en tout temps aux navires de tous les États; aucun blocus, aucun acte d'hostilité ne peut y être accompli. Sa zone d'activité est occupée par des troupes britanniques afin d'assurer la liberté des communications maritimes...

Trafic. Mouvement de transit et de la navigation.

Années	vapeurs en transit	Tonnage net	Recettes en Francs-Or
1870	486	436.609	4.345.758
1880	2.026	3.057.421	36.492.620
1890	3.389	6.890.094	65.437.230
1913	5.085	20.033.884	122.989.367
1920	4.009	17.574.657	144.593.953
1925	5.337	26.764.935	191.500.000

Le trafic du canal est en relation avec la vie économique de quatre pôles : les Indes, l'Extrême-Orient et l'Australie, producteurs, d'une part, l'Europe, principalement absorptive, d'autre part. C'est ainsi que le mouvement des marchandises exportées d'Europe ne représente qu'un tiers du poids. (8.802.000 T., en 1925) contre deux tiers à l'importation (17.776.000 T.), représentée surtout par des céréales, des oléagineux, des huiles minérales.

Le poids total des cargaisons transportées s'est élevé, en 1925, à 26.578.000 T qui ont nécessité le passage de 5.337 bâtiments d'un jaugeage net de 26.762.000 T.

Si nous examinons le tonnage des vapeurs d'après le pavillon, l'*Angleterre* arrive en tête avec 16.016.000 T. (59,9 %); puis, viennent les *Pays-Bas*, avec 2.699.000 T. (10,1 %); l'*Allemagne* (sans colonie), avec 1.791.000 T. (6,7%) ; la *France*, avec 1.628.000 T. (6,1 %); l'*Italie*, avec 1.416.000 T. (5,3 %); le *Japon*, avec 1.067.000 T. (3,5 %), etc.

Facteurs de richesse. — Les échanges, le trafic du canal, les touristes qui, en hiver, viennent de tous les mondes admirer les magnifiques monuments de l'antique Égypte, enfin la culture du coton procurent à ce pays une richesse considérable.

Le fellah aime la terre et c'est le coton qui l'a enrichi. Parmi les variétés indigènes de coton, on cite celle du type Sakellaridis, à longue fibre fine, d'une qualité remarquable qui prime toutes les autres, mais elle veut être cultivée dans son pays d'origine; elle dégénère lorsqu'elle est transplantée. La récolte du coton de fin 1924 a donné 6.500.000 quintaux valant 55 millions de £. Les fibres et graines du cotonnier représentent 85 % de l'exportation égyptienne. La vie du pays est donc fonction des cours pratiqués à Alexandrie, à Manchester et en Amérique.

TRAVERSÉE DU CANAL.

162 k., en 14 à 16 h. La circulation de nuit est autorisée depuis 1887.

En quittant l'escale de *Port-Saïd*, le vapeur marche doucement (8 à 10 k. à l'heure) pour ne pas détériorer les rives, arides, silencieuses, monotones.

Le canal longe le lac *Menzalèh* pendant 43 k., vaste nappe d'eau peuplée de pélicans, de flamants roses, d'ibis roses. Cette allée d'eau, tracée au milieu du sable, est séparée de la lagune par une forte digue sur laquelle ont été établis la route de terre, le canal d'eau douce, le chemin de fer allant à Ismaïlïya et au Caire.

Dans ce désert, qui semble sans fin, on assiste constamment à de curieux effets de mirage : deux arbres créent une forêt qui se reflète dans de l'eau qui n'est que du sable; on admire le coucher magnifique du soleil africain : « Le désert est tout rouge; à l'horizon, les sables rejoignent une brume orangée; le ciel s'irise de vert, de mauve, de grenat, de rose; ils ont raison les poètes d'ici, qui comparent le ciel de leur pays à la gorge d'un pigeon; en contraste, avec l'horizon de corail, certaines collines, déjà dans l'ombre, sont d'un ton pur d'émeraude; c'est admirable et adorable .»

Sur les berges, marche à pas feutré, en convoi, un singulier mammifère qui, par ses mœurs autant que par sa silhouette, semble une survivance attardée des faunes disparues. « La nature, après avoir créé le désert, répara son erreur en créant

le dromadaire, » le chameau à une bosse. Son habitat s'éten
jusqu'au-delà de l'Indus. Au contraire, le chameau à deu
bosses (camelus bactrianus) vit au Turkestan et en Mongolie

8 k., usine, fabrique de soude, de briques, de chaux.

16 k., gare de *Raz-el-Eich.*

24 à 34 k., la rive africaine est couverte de sel d'une blan
cheur éblouissante; une tourmente de sable arrive à souhai
parfois pour en cacher l'éclat.

34 k., gare.

44 k., *El Qantara* « le Pont, ou l'Isthme » entre les lacs Men
zalèh et Ballâh, station sur l'ancienne voie d'invasion de
Syrie en Égypte, fréquentée de tous temps par les caravanes;
la « Sainte Famille », lors de sa fuite en Égypte, passa en ce
lieu.

Chemins de fer : 1° Sur la rive E., la *gare de Palestine* : à Lydda en 6 h. 38;
à Jérusalem en 9 h. 10 par express quotidien, vagon-restaurant et vagon-lits.
2° Sur la rive O., la *gare égyptienne* : à Port-Saïd en 45 min.; au Caire en
3 h. 20 (du Caire à Jérusalem, prix 1re cl. £ 4.8.3). *Bac* à moteur met en liaison
ces deux stations.

Lors de la *Grande Guerre*, tentative turco-allemande pour franchir le canal
(1916). Elle échoua par l'arrivée d'un garde-côtes français, le *Requin*, qui lutta
seul contre les assaillants.

A 3 k., les ruines d'un temple de Ramsès II et des débris de l'époque romaine.

48 k., le canal entre dans le *lac Ballâh* et en sort au k. 61.

Au S., les dunes d'El-Ferdân et le seuil de sable d'*El-Gisr*,
dont la percée fut un rude travail. Au village, une chapelle
dédiée à la *Vierge Marie-du-Désert*; une mosquée.

75 k., les jardins et la villa khédiviale; le *lac Timsâh* «du
Crocodile », que le canal traverse en ligne courbe.

A 3 k., dans l'O., l'oasis d'Ismaïliya (10.000 h.), chef-lieu d'un
des trois districts de l'isthme, siège de la direction du canal.

Chemin de fer. Croisement voisin des voies sur Port-Saïd (80 k.), le Caire
(156 k.) et Suez (82 k.).

Au S. du lac, *Tusun* (85e k.). On entre dans la tranchée
dite du *Sérapéum* (90e k.), ruine d'un monument de Darius et
traces visibles d'un canal antique.

96 k., on pénètre dans les *lacs Amers*, petite mer intérieure,
qu'on parcourra pendant 38 k. Deux grands phares aux kil.
100 et 115; entre ces jalonnements, les vapeurs reprennent
un peu de vitesse. Vers le k. 120, sur la dr., la pointe de
Kabret el-Aichucha, station télégraphique; ruine d'un autre
monument de Darius.

On sort des lacs près du k. 135.

139 k., *Chalûf el-Terrâbèh*, station du ch. de fer. Le canal

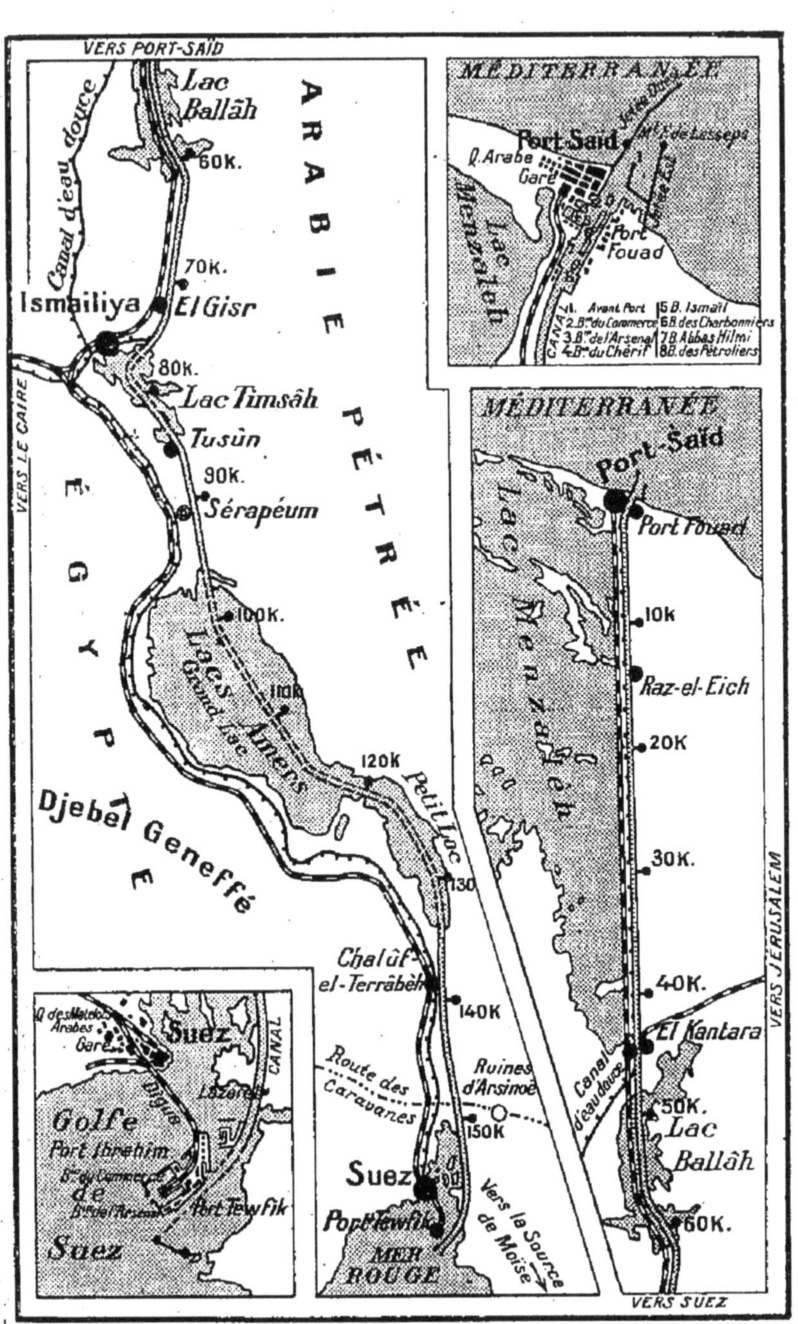

Canal de Suez.

coupe un banc de rochers coloré en brun. Des stèles rappellent qu'un canal fut creusé du Nil à la mer Rouge par le roi Nékhao, de l'époque saïte, et restauré par Darius.

De Chalûf à Suez, la plaine est unie.

149 k., traversée d'une route de caravane.

151 k., le canal s'engage sur la partie E. d'une anse de la mer Rouge, puis on laisse à 3 k. dans l'O., la ville de Suez (35.000 hab.).

La topographie de l'isthme et même sa surface ne paraissent pas s'être modifiées depuis des millénaires; la route de Rhamsès est encore visible sur presque tout son parcours, des traces de canaux, des vestiges de forteresses, de temples, des stèles, nous reportent à l'antiquité, à l'époque de Rhamsés II, de Darius, des Lagides.

Du lac Timsâh à Suez, quatre forteresses s'échelonnaient et le lit d'un canal des Pharaons a pu être relevé; enfin, la baie de Suez est restée dans ses limites anciennes.

L'itinéraire de l'Exode a été reconstitué : Gessen est identique au pays de Kes au Kessen; Succot est Thucket; Pi-Hahiroth, Bi-Kheret, le temple des Serpents, au S. des lacs Amers, s'identifie avec le temple de Séti I, reconstruit par Darius; Migdol est la forteresse voisine; Ball-Tsephon est l'anciennee Klysma, ou Kulzum (Suez) des Arabes. Puis, ce fut le « passage de la mer Rouge ».

Avant les travaux du canal, un gué situé en face de Suez permettait aux caravaniers d'éviter le contour N. de la baie et de réduire leur marche de 17 k. Mais la connaissance de ce gué, sinueux et long, était un privilège des Bédouins du Sinaï, et Bonaparte revenant des sources de Moïse faillit périr pour s'y être aventuré sans guide. D'après l'Exode, les Hébreux, conduits par Moïse, franchirent facilement le lit de la mer Rouge, mais, lorsque les forces égyptiennes lancées à leur poursuite atteignirent le gué, un vent d'Est (exactement S.-S.-E.) refoula le flot de la mer dans la baie et engloutit la troupe du Pharaon.

160 k., les quais de *Port-Tewfik* s'étendent sur 2 k. 3; bassins, docks. Quai Waghorn, promenade ornée de jardins; villas. — Ch. de fer sur *Suez*, 3 k.

A 12 k. S.-E., les *sources de Moïse* (traj. en 4 h.).

4. Suez à Djibouti.

1284 milles m. (2.377 k.); traj. en 4 j. — De Suez à Aden, 1296 m.

Suez. Les paquebots, ne relâchant pas à Port-Tewfik, mouillent à 4 ou 5 milles de la ville européenne et à 1 m. 1/2 de terre. On est dans une lumière d'émeraude, sur une eau bleue, en vue de montagnes rougies : aspects, souvenirs magnifiques, réalité misérable. — Certains bâtiments embarquent des chauffeurs arabes pour la traversée de la mer Rouge.

En quittant la rade de Suez, on s'engage dans le golfe du

même nom, entre l'Égypte à tribord et la presqu'île du Sinaï à bâbord. Phares de Kala-Kébir, de Newport, puis celui des îles Achrani.

Dans l'E., le massif montagneux d'où émergent l'Horeb et le **Sinaï**.

C'est la « montagne divine », où se placent les événements racontés par l'Ancien Testament. Ce fut la première étape du peuple Hébreux, dans sa marche dite de 40 années vers la Terre Promise, soutenu, dirigé par Moïse, prophète, législateur, poète, historien. Ce pasteur d'hommes, désigné par Dieu pour être son intermédiaire avec le peuple d'Israël, pourvut à tous les besoins de ce dernier; il comprima ses révoltes, le redressa lors de ses rechutes dans le paganisme (veau d'or = bœuf Apis), lui imposa des institutions religieuses et un code de lois : le *dogme* (croyance en un Dieu unique et espérance au Rédempteur), la *morale* (contenue dans le Décalogue); le *culte* (dont le centre est le tabernacle, contenant l'arche d'alliance et les tables de la Loi), les *actions liturgiques* (sacrifices avec immolation d'animaux et offrandes), le *droit civil* et *criminel*, le tout contenu dans le *Pentateuque* (Genèse, Exode, Lévitique, Nombres, Deutéronome).

Le Sinaï compte deux sommets élevés. Le *djebel Mouça*, « la Montagne de Moïse » (2.650 mèt.), qu'on croit être la « Montagne de la Loi ». Selon l'Écriture, Moïse y reçut de Dieu les Dix commandements qu'il transmit au peuple Hébreux.

Le *djebel Katharin* (2.602 mèt.). Monastère.

Des traditions verbales attribuaient au « Buisson ardent » un emplacement perpétué par l'édification d'une tour. Afin de protéger les pèlerins des attaques des Bédouins, Justinien en 550 constitua en ce lieu un refuge par la construction d'une enceinte pourtournante. Ce fut l'origine du *monastère du Sinaï* (1.527 mèt. alt.), consacré depuis à sainte Catherine dont les Croisés nous ont apporté la légende. Châsse de marbre blanc recouvrant le corps de la sainte. Ce couvent est habité par des moines grecs orthodoxes soumis à une discipline rigide. Une chapelle latine. Une mosquée. Le couvent a été décrit par Dumas père (*Quinze jours au Sinaï*) et par Pierre Loti (*Le Désert*). Dans la *vallée de Magarah*, inscription hiéroglyphique très ancienne..

Pour les musulmans, le pèlerinage à la Mecque commence en vue du Sinaï. Le croyant revêt alors l'ihram et fait abstraction de tous les plaisirs.

Au pied S.-E. du Sinaï, le petit port de *Tor*. Sources hyperthermales sulfureuses (73°).

Le *Ras Mohammed*, à l'extrémité S. de la presqu'île, où débouche le golfe d'*Aqaba*. Au fond de cette baie, l'île fortifiée de *Graye* fermant le refuge d'*Ailat*, petit port de la Transjordanie.

Le paquebot trace sa marche en pleine **Mer Rouge** dans laquelle les premiers fonds de 200 mèt. descendent presque de suite à plus de 1.000 mèt.

La *Mer Rouge*, ou *Mer Érythrée*, est une dépendance de

l'Océan Indien. Elle s'allonge comme un cigare, entre les 30°
et 13° de latitude N.; son étendue, de 2.350 k. du N.-N.-O.
au S.-S.-E., couvre une superficie de 449.010 kmq.; sa plus
grande largeur est de 394 k., près de Souakim.

Cette dépression sépare deux immenses régions désertiques,
celle d'Égypte et celle d'Arabie. Il règne, même sur l'eau, une
chaleur torride, continue, peu variable (30 à 32°), sèche et cui-
sante, l'été principalement, qui rend la traversée pénible à
quelques personnes. Certaines mêmes y éprouvent une petite
éruption passagère, appelée « bourbouille ».

La salinité des eaux est supérieure à celle des mers voisines,
d'où il résulte une faune et une flore marines très riches. Bientôt, des bandes de poissons volants s'élanceront des eaux comme
des flèches d'argent. Les passagers jouiront assez souvent
du spectacle de la phosphorescence de la mer, due à la présence de myriades d'animalcules doués d'une réfringence
spéciale.

Au début de la marche, le paquebot règle sa direction sur le
phare des *îlots Frères* (26° 18′ 50″ de lat.), rochers à madrépores. — Dans l'O., le petit port égyptien de *Kosséir*, avec
aux environs des mines de phosphate, dans l'étage lybien
(éocène infér.) et plus au N. des exploitations de pétrole. Ch.
de fer projeté sur Khenêh (191 k.), dans la vallée du Nil.

A 100 m. au S., l'écueil de *Dédalus*, avec un phare (25° lat.).

Sur la côte d'Arabie, le port de *Yambo* dessert *Médine*
ville sainte.

Médine est le berceau de la religion monothéiste prêchée par Mahomet dans
un milieu alors païen; c'est de cette cité que le Prophète décréta (624) la guerre
de Conversion et c'est ici qu'il mourut (8 juin 632). Mahomet repose dans une
koubba élevée dans l'angle S.-E. du Sanctuaire et son tombeau complète
le pèlerinage rituel de la Mecque.

Médine, appelée « la Ville fleurie », s'est un peu modernisée; elle possède
des rues larges, des bazars, des hôtelleries, et l'électricité a remplacé, au-
dessus du tombeau du Prophète, la vieille lampe de mosquée; elle est enfin
tête de ligne du chemin de fer du Hedjaz à Damas, construit par Abd-ul-
Hamid.

On entre dans le *Tropique du Cancer;* la chaleur paraît s'ac-
centuer.

Sur la côte d'Arabie, *Djeddah* (20.000 hab.), port de la Mecque,
ville sale, encombrée de chiens. Les marchés sont bien achalan-
dés en produits d'Orient et d'Europe. Cette ville est fréquentée annuellement par 40 à 50.000 pèlerins musulmans venus
surtout de l'Afrique du N., du Soudan, de l'Inde, de Perse; en
petit nombre de Malaisie, de l'Insulinde, des colonies musulmanes de l'Indochine du S., du Yun-nan (Chine).

Les pèlerins se rendent à *la Mecque* à pied, à dos d'âne ou à dos de chameau. Le trajet présente peu d'intérêt en dehors du prétendu *Tombeau d'Ève*.

La Mecque (Mekke) est la capitale religieuse du monde musulman; elle est située à 105 k. de la côte, dans un cirque entouré de montagnes. Sa population, de 110.000 âmes, est portée à 300.000 lors du pèlerinage dont elle vit.

Mahomet « le Loué » est né dans cette ville vers 571. Dans un voyage en Syrie, il acquit d'un moine chrétien quelques notions sur le christianisme. Plus tard, il résolut de lutter contre les croyances idolâtriques de ses concitoyens et d'instaurer une religion monothéiste. Vers quarante ans, l'ange Gabriel lui apparut dans une caverne et lui annonça sa haute mission, mais ses compatriotes, inquiets de cette révolution religieuse, le chassèrent; ce fut «la fuite», l'*hégire* (sept. 622) à Médine, déjà converti, où il fut reçu en triomphe. Il mourut dans cette ville (6 2), au retour d'un pèlerinage à la Kaâba de la Mecque. Si Mahomet est mort, il reviendra à la fin des jours, car c'est lui le Mahdî « le bien dirigé ».

A l'époque fixée pour le pèlerinage, les croyants arrivent par toutes les routes de terre et de mer. Le pèlerin se conforme aux rites, aux ablutions, aux visites des monuments et des sites, aux cérémonies diverses auxquelles l'obligent des coutumes invétérées, aux interdictions qu'il rencontre dès qu'il met pied sur le territoire sacré.

Parmi les lieux à parcourir : la grande Mosquée et la mystérieuse Kaâba, dans laquelle est incrustée la pierre noire; la montée à Safa; la marche alternative entre les points où Agar rechercha son fils. Ensuite, la fête du Beiram, la visite à la montagne Arafa, puis toute une série d'étapes en des villages voisins, étapes comportant l'accomplissement de certains rites comme la lapidation, enfin le retour à la Mecque avec de nouvelles visites à la Kaâba (où Ismaïl, fils d'Abraham et d'Agar, bâtit la Kaâba primitive, à quelques pas du puits vénéré de Zem-zem).

Mahomet ne modifia que peu les rites du paganisme, aussi beaucoup de ces cérémonies ont-elles conservé leurs origines nettement païennes, anté-islamiques.

L'Islamisme est un monothéisme épuré : « il n'y a de Dieu que Dieu, et Mahomet est son prophète. » Toute la vie spirituelle et l'organisation sociale sont contenues dans un livre révélé, le *Qorân*. Les pratiques du culte sont constituées par quatre obligations fondamentales : les 5 prières quotidiennes, le paiement de la zéhate (aumône de la purification de la fortune), le jeûne du Ramadan, le pèlerinage de la Mecque.

Sur la côte africaine, *Port-Soudan* (781 m. de Suez et 658 m. d'Aden) a remplacé le port de *Souakim*, à 35 m. au S., comme débouché du Soudan anglo-égyptien. Ch. de fer sur Atbara (Nil) et Khartoum (495 m.).

Plus au S., commence les territoires de la colonie italienne de l'*Érythrée*.

L'Érythrée a une superficie de 118.600 kmq. et une population de 406.000 h., dont 7.000 Italiens. Le territoire fut acquis sur l'Égypte et sur l'Éthiopie.

La capitale est *Asmara* (15.000 h.) à 2.300 mèt. d'alt., sur les hauts plateaux, et à 96 k. de Massaua. L'ancien fort éthiopien fut occupé par les Italiens en 1897.

Un *chemin de fer* va de Massaua à Macatat, à quelques kil. au pied du plateau de la capitale.

Route : Asmara à *Goundet* (110 k.) dernier poste italien au N. du Méreb. Au-delà, un chemin éthiopien va sur *Adoua* (52 k.) à 1895 mèt. d'alt., où se livra la sanglante bataille du 1er mars 1896.

A 26 k. O. d'Adoua, *Aksoum*, la cité sainte de l'Éthiopie, où sont conservées les Tables de la Loi, que d'après la légende le premier Ménélik, fils de Salomon et de la reine de Saba, aurait rapportées de Jérusalem.

Massaua, 35.000 h., port de l'Érythrée (15° 36' de lat.), est situé sur un îlot madréporique, réuni à Taulud puis à la terre par des digues.

Ce hâvre, d'accès facile, est défendu en mer par l'archipel des îles *Dahlak*, coraillières et basses.

Vers l'Arabie, entre El-Lid et Hodeïda, les îles *Farsan* barrage infranchissable aux grands paquebots.

Au S. du 15° de lat., *Hodeïda*, port du pays de *Sana*, dans le Yémen, ou Arabie Heureuse. Exportation du café, dit moka.

En mer, le *Djebel Zukur* (phare) et les îles *Hanisch*, nettement volcaniques.

Mokha, port déchu du Yemen.

Vers l'intérieur : 100 k., Taez. — Gorge du Siani dans le djebel Mahrasse. Cañon du Naquil Sumara. — 165 k., Heb. très vieille cité fortifiée située au S. d'une région de culture de caféier (vallée voisine du Mont Menakha).

Sur la rive opposée, *Assab*, acquis par l'Italie en 1869, devenu établissement commercial en 1879. — *Raheita*, à la limite S. de l'Érythrée; au delà, commence la colonie française des Somalis.

En s'avançant vers le détroit de *Bab-el-Mandeb*, la chaleur devient plus supportable. A l'E., le promontoire de *Cheik-Saïd* domine « la Porte de la Mort », nom donné par les navigateurs à la passe, sans doute en raison des côtes désolées, brûlantes et assoiffées.

Dans l'E., c'est la limite S. du Yémen; au delà commence le territoire anglais d'Aden.

Toute cette région du S. de la mer Rouge, constituait au tertiaire un vaste plateau élevé, dont la structure se rompit à la fin de cette période, en même temps que d'autres bouleversement formidables se produisaient dans l'Océan Indien. Ces effondrements provoquèrent l'ouverture du Bal-el-Mandeb, tandis que des éruptions volcaniques intenses surgirent dans tout le voisinage de la mer Rouge.

Dans le chenal, l'îlot de *Périm*, d'origine volcanique. Garnison anglaise.

Périm fut occupé une première fois par les Anglais lors de l'expédition de Bonaparte en Égypte (1798-1800). Le pavillon anglais y fut définitivement hissé en 1851, en prévision d'une solution du projet de percement de l'isthme de Suez.

Le rivage africain, morne, aride, relève de la colonie française des Somalis. On côtoie les *Sept Frères*, îlots rocheux surmontés de perches, comme balises.

On double le *Ras Bir*, et on entre dans le *golfe de Tadjourah*, limité par une successsion de dunes ravinées, presque partout nues et desséchées, dont l'uniformité désolée n'est interrompue que par quelques bourgades.

Obok, 200 hab., premier établissement français sur ce littoral. Station du câble français allant de Djibouti à Périm.

Tadjourah, 800 hab., avec une rade, siège d'un sultanat placé sous la protection française depuis le 21 sept. 1884.

Ambabo, au milieu d'un bouquet de dattiers; eau douce; pâturages.

Sagallo. Dans un petit bois de palmiers apparaissent les restes d'un fortin en pierres.

Le fortin abrita un détachement français dépendant d'Obok. Plus tard, évacué, il fut relevé par une colonie russe en armes, dirigée par Atchinof. Cette occupation étrangère donna lieu à une démonstration militaire d'un vaisseau de guerre français qui contraignit les occupants à se réembarquer (juin 1888). (Atchinof poursuivait le rattachement de la vieille église cophte établie en Éthiopie à l'Église russe.)

Au-delà, le terrain s'élève, dominé par le pic *Coudah* (1.675 mèt. d'alt.); puis il descend sur le *Bahr Assal*, lac salé, large de 4 à 5 k. et long de 8 à 10.

A l'extrémité O. du golfe, le *Goulel Kharab*, d'origine volcanique, pourrait être aménagé en point d'appui maritime.

En venant d'Obok, on laisse sur tribord les îles *Mouchah*.

Ce groupe est composé de trois îlots rocheux et stériles. La Compagnie anglaise des Indes avait acheté ces rochers au sultan de Tadjourah moyennant dix sacs de riz. L'accord franco-anglais de février 1888 a attribué les Mouchah à la France, en échange de Doungareta, petit port situé au S.-E. de Zeila, cédé à l'Angleterre.

Sur la dr., le phare des Mouchah. Vers le S., dans la direction de Djibouti, *Mascali* et son lazaret, les phares d'*Ambouli* et d'Ayabèle. On laisse au large les récifs du Météore et du Pingouin, puis c'est le plateau du Héron : on jette l'ancre par des fonds de 10 mèt. à 1 m. de *Djibouti*; bon mouillage.

Au premier plan, deux jetées; au fond, une lagune basse. Sur la g., le plateau du Marabout, puis celui du Serpent; à dr., le plateau de Djibouti, avec leurs maisons très blanches

A peine à l'ancre, le paquebot est entouré d'embarcations de négrillons qui, pour quelques pièces blanches, plongent afin de les repêcher; le bord est bientôt envahi par des colporteurs qui offrent des produits du pays.

5. Djibouti.

NAVIGATION. De Djibouti à *Aden*, 133 milles; — de Djibouti à *Colombo*, 2.217 m.; — de Djibouti à *Port-Saïd*, 1.371 m.; à *Marseille*, 2.881 m.

Djibouti, 15.000 hab., siège des « Établissements français de la Côte des Somalis », s'élève sur le sable du désert et sous le ciel torride, mais on y appréciera ce qui manque le plus à Aden, l'eau douce et un peu de verdure.

Le port naturel, bordé à l'E. par des madrépores, reçoit par an plus de 400 grands vapeurs venant charbonner, prendre de l'eau, de la viande, des vivres frais, laisser ou embarquer des passagers ou des marchandises.

Djibouti date de 1896; sa transformation, son développement économique sont les conséquences du prolongement du chemin de fer jusqu'en Éthiopie.

Hôtels : voir l'INDEX TOURISTIQUE.

La ville comprend trois quartiers. Au N. celui du *Marabout* est le quartier maritime; sa digue, de plus de 1.000 mèt. de long, sert de quai; dépôt de charbon et bureaux des Messageries Maritimes, bureau de la C^{le} de l'Afrique orientale.

Il se prolonge par le quartier industriel du *Serpent*, élevé autour de l'Hôpital : gare et ateliers du chemin de fer d'Éthiopie, glacière, minoterie imprimerie, écoles.

Au S., le bourg de *Djibouti*, officiel et commerçant, augmenté du village indigène de *Bender-Guedid*.

L'Hôtel du Gouverneur, de style mauresque, dissimulé par la frondaison de son parc; une digue réservée. — La Douane et son parterre fleuri. Hôtels; maisons de commerce; marché. Église, desservie par la mission des Frères mineurs (Capucins); service hospitalier des Sœurs franciscaines.

La ville est dessinée en damiers. Rues larges. Avenues bordées d'arbres : lauriers roses et blancs, flamboyants, bois noirs, hibiscus, dattiers, cocotiers. Maisons appropriées au climat, avec arcades au rez-de-chaussée et galerie close de jalousies au premier étage.

Les *Salines* couvrent 152 hect. : réservoirs, nourrices et tables salantes; usine de broyage. Exportation sur l'Éthiopie (sans concurrent), les Mascareignes, l'Inde, l'Indochine et l'Extrême-Orient.

ROUTE : A 6 k. S., au-delà des Salines, *Ambouli*, oasis de 100 hect. arrachée peu à peu au désert. Quelques habitations dans des jardins; dattiers, champs de tabac, essais de cotonniers, acacias, palmiers.

Historique. — L'intervention de la France en Indochine, l'occupation de Saï-gòn (1859), la guerre de Chine (1860-61), incitèrent le gouvernement de Napoléon III à rechercher un point de relâche à l'entrée de la mer Rouge afin de rendre la navigation française indépendante du port d'Aden. La côte des Somalis avait plus particulièrement attiré l'attention de H. Lambert, agent consulaire de France dans le port anglais. Le cap. de vaisseau, Fleurlot de Langle, assisté de Schéfer, reprenant des pourparlers interrompus avec le sultan de Tadjourah, se fit céder, par le paiement de 10.000 thalers, le rivage d'Obok, côte étendue, désolée, sans mouillage sûr (11 mars 1862). L'installation, plusieurs fois envisagée, fut différée jusqu'à l'époque de la seconde guerre de Chine (1883-85). L'Angleterre ayant fermé ses ports aux bâtiments belligérants, Obok fut occupé; on y installa un gouvernement et on constitua un dépôt de charbon.

Des conventions avec les chefs indigènes ayant étendu, mais enchevêtré, les territoires français et anglais dans cette région, une délimitation rationnelle fut conclue en 1888 avec l'Angleterre : les îles Mouchah et la côte de Djibouti restèrent à la France. Un décret du 20 mai 1896 groupa ces divers territoires sous le nom de COTE FRANÇAISE DES SOMALIS. Djibouti, qui venait à la vie, en fut la capitale.

Vers le N., l'arrangement de mars 1901 laissa Raheita à l'Italie.

Géographie. La colonie a une superficie de 22.000 kmq. et une population de 64.800 âmes, des tribus Habéraoual, Darot, Gadaboursi, Danakil, Issa.

Délimitée au N. et au S., elle est sans bornes fixées avec l'Éthiopie et le territoire s'étend sur l'arrière-pays des Galla et des Danakil. Dans l'E., les côtes très poissonneuses, se développent sur plus de 250 k.

Le climat, la flore et la faune sont de caractères sahariens : on rencontre partout le mimosa; sur le bord de la mer, le palétuvier, dans les vallées, des genêts, des euphorbes, des palmiers; sur les plateaux, une herbe appelée hachich employée comme fourrage. Parmi les animaux domestiques : mulets de petite taille, ânes, chameaux, chèvres, moutons, bœufs; on peut chasser le fauve dans la vallée de l'Aouache (lion, panthère, éléphant, autruche, gazelle, outarde).

Le climat est sec et relativement sain. Il est déterminé par deux saisons : l'une chaude et sèche, l'été, dure cinq mois (de mars à octobre); l'autre, moins chaude et humide, l'hiver, dure sept mois (d'octobre à mai).

Parmi les exportations du port de Djibouti : café, cire, fibres, ivoire, musc, nacre, or, peaux, plumes d'autruches.

6. Excursion en Éthiopie.

L'Éthiopie est encore peu visitée parce que les touristes en ignorent souvent la documentation et les facilités d'accès.

Notre ouvrage n'est pas spécialement écrit pour ce pays, mais puisque l'escale de Djibouti est le débouché pratique du plateau éthiopien, nous donnerons quelques indications permettant au voyageur pressé d'arriver jusqu'à Addis-Abéba, la capitale.

Le passager, descendu à l'escale pour excursionner entre deux arrivées de paquebots, disposera de 14 jours env. : 1ᵉʳ j., Djibouti; 2° j. ch. de f. à Diré-Daouah; 3ᵉ, 4ᵉ et 5ᵉ j. l'Harar; 6ᵉ et 7° j., ch. de f. à Addis-Abéba; 8ᵉ et 9° j.; séjour à la capitale; 10ᵉ, 11ᵉ et 12ᵉ j., retour à Djibouti; 13ᵉ et 14, attente à l'escale.

Le touriste emportera dans sa valise des vêtements de drap pour son séjour sur les plateaux. Il est assuré de trouver, sur la ligne, chaque soir un hôtel convenable et vers midi un buffet installé par la Compagnie.

LE CHEMIN DE FER.

La concession ferroviaire fut donnée le 9 mars 1894 par Ménélik II à M. Ilg qui s'associa avec M. Chefneux pour la constitution d'une société de construction et d'exploitation.

Les travaux furent commencés en octobre 1897 et la ligne fut ouverte jusqu'à Diré-Daouah en janvier 1903. Plus tard, un concours financier devenant nécessaire, la concession passa à un groupement nouveau, la *Compagnie du ch. de fer franco-éthiopien* (1908). A la fin de 1914, le rail atteignait Modjo (713 k.); l'exploitation fut ouverte sur 783 k. en 1917.

Deux trains réguliers partent des têtes de ligne, Djibouti et Addis-Abéba, le mercredi et le dimanche. Pour plus de sécurité, la circulation a lieu uniquement de jour, avec arrêts pour la nuit à Diré-Daouah et à l'Aouache; le parcours complet s'effectue ainsi en trois jours.

Des buffets sont ouverts à Aicha, Afdem et Modjo pour permettre aux voyageurs de déjeûner. Plusieurs hôtels existent à Diré-Daouah et à Addis-Abéba un buffet-hôtel a été organisé par la Cie (lit, 1 Th.; repas, 1 Th.) à l'Aouache.

La voie est établie à 1 mèt. d'écartement, avec rails à patins de 20 kilos de Djibouti à Diré-Daouah, et de 25 k. au delà de ce point.

Les trains comportent des voitures de 1re, 2e et 3e classes. On peut y faire adjoindre une voiture-salon.

Le prix des billets est compté en *Thalers* (dont le change se rapproche de la valeur de la Piastre). De Djibouti à *Diré-Daouah*, 18 Th. 02 et 8 Th. 13 (1re et 2e cl.); à *Addis-Abéba*, 45 Th. 11 et 22 Th. 03. Majoration de env. 70 % du tarif de la 1re cl. pour la voiture-salon. Billet d'aller et retour, valable 10 j. pour Diré-Daouah et 19 j. par Addis-Abéba, avec réduction de 50 % sur le prix du billet entier.

Djibouti. La gare est au quartier du Serpent. La voie passe à l'E. de la ville et proche du rivage de la mer.

On quitte les dernières dunes de sable; puis la terre se jonche de débris de laves roulées et de fragments de roches.

7 k. *Ambouli*, à 11 mèt. d'alt. Jardin d'essai. La source qui alimente Djibouti est captée dans le voisinage.

Dans la zone désertique, habitée ici par les tribus de Somalis, plus haut par celles des Issa, les indigènes n'ont d'autres ressources que l'élevage des chameaux, des moutons, des chèvres et de quelques bœufs paissant une herbe rare et dure.

Le chemin de fer traverse une région mamelonnée.

18 k. 8, *Chébelé*, à 138 mèt. d'alt., dans une région dépourvue d'eau.

La voie franchit à 22 mèt. de hauteur un ravin sur un viaduc en acier de 156 mèt. de long.

Les autochtones, les Issa, attaquèrent en 1899 et en juin 1890, les chantiers de construction du chemin de fer et firent en ce lieu une trentaine de victimes.

37 k., arrêt facultatif.

51 k. 6, *Holl-Holl*, à 438 mèt. d'alt. — Un viaduc de 142 mèt. de long, élevé à 28 mèt. de hauteur sur sept piliers, franchit une profonde coupure.

60 k., arrêt facultatif. — 70 k. 9, *Das-Bio*, à 584 mèt. d'alt.

88 k. 2, *Ali Sabiet*, à 713 mèt. d'alt., dans une région désolée; dernière station du protectorat français. Poste de milice sur une colline; puits souvent desséchés.

105 k. 7, *Daouanlé*, à 809 mèt. d'alt. première station du royaume d'Éthiopie. De l'eau et un peu de verdure.

132 k. 2, *Adelé*, à 720 mèt. d'alt.

On a quitté la région volcanique assez accidentée et on entre sur un immense plateau désertique, sujet aux phénomènes de mirage et aux tourbillons de sable.

145 k. 5, *Alcha*, Buffet.

Ce site, à 724 mèt. d'alt., est un petit entrepôt de commerce avec l'Ogaden. Les caravanes y apportent des peaux de bœufs, de moutons et de chèvres en petite quantité, et un peu de beurre; elles emportent des cotonnades et du pétrole.

161 k. 6, *Lassarat*, à 739 mèt. d'alt. — 188 k., halte.

Aux approches du relief montagneux du *Har*, la voie s'élève et la déclivité de la voie atteint jusqu'à 24 mm. Traversée de la chaîne en tunnel.

201 k. 5, *Adagalla*, à 758 mèt. d'alt. — 248 k. 1, *Mello* (alt. 758).

265 k. 4, *Harraouah*, à 795 mèt. d'alt., dans une région où la verdure réapparaît.

290 k. 8, *El-Bah*, à 963 mèt. d'alt.

310 k. 9, **Diré-Douah**, à 1.206 mèt. d'alt. *Hôtel*. Douane éthiopienne.

Ce bourg est une création de la Cⁱᵉ qui y a installé sa direction et ses ateliers (200 Européens). Il est situé dans un pays sain où l'altitude du lieu assure une température agréable. Mission française des Capucins.

Entrepôt : des produits de l'Harrar et du Tchercher, peaux de bœufs, de chèvres et de moutons, café Harrari, très apprécié, cire, céréales, beurre, cuirs tannés; des produits étrangers, cotonnades, sel, sucre, pétrole, savon, vins, liqueur.

Diré-Daouah a Harar

62 k., en 2 journées à la montée; coucher après le col, au lac Haramaya (*Hôtellerie;* dans l'O., le chemin de Kouloubi). Le voyageur entraîné peut effectuer le retour en 1 j. Moyens de transport : chevaux, mulets, ânes, chameaux (location, 3 à 5 Th.).

Diré-Daouah. — Le chemin gravit une chaîne de hauteurs assez élevée, qu'il franchit au col d'Angago ou de Djallo (2.030 mèt.). Vers le S.-E., le lac *Haramaya* (mimosas), dans un site agréable.

Dans l'O., l'ancienne voie de terre de Harar en Éthiopie, 58 k., *Kouloubi* ; 110 k., *Tchallanko*, où les troupes éthiopiennes anéantirent l'armée de l'émir de Harar (1887). *Bourka, Tola Chota;* descente sur la voie ferrée, à Afden ou à Moullou.

On descend vers **Harar,** bâti dans une vaste plaine à 1.856 m. d'alt.

Lorsqu'on approche de la ville, on ne distingue d'abord qu'une enceinte brune flanquée de tours, le minaret blanc de la mosquée et la résidence du ras. C'est une cité ancienne ayant un aspect arabe avec ses toits en terrasse, ses ruelles tortueuses où se presse à certaines heures une foule disparate (*Hôtelle ries*).

Les Éthiopiens appellent la région *Harar*, la ville *Haraghiê* et la population harari *Qotou:* les Galla donnent à la cité le nom de *Adare*.

Elle compte 40.000 citadins, dont 15.000 Éthiopiens, 17.500 Harari, 6.500 Galla et Somâli, 1.000 étrangers (Arabes, Turcs, Arméniens, Hindous, des Européens en majorité Grecs).

Harar est l'entrepôt des pays du S. éthiopien. La fertilité du pays même de Harar est surprenante; l'étagement en gradins des montagnes, ses chaudes vallées permettent toutes les cultures, depuis celles des pays tropicaux jusqu'à celles des zones tempérées. Son café est renommé.

Le climat est très doux (15 à 20°). La saison des pluies est de juin à septembre.

Le pays est aussi une région de grands fauves.

L'*histoire* de Harar est obscure et ne sort des ténèbres que pendant les luttes avec l'Éthiopie chrétienne aux XIV°-XVI° s. et lorsque les Galla ont coupé les communications entre les deux États. La ville fut conquise en 1521 par les musulmans; elle devint la résidence d'un émir semi-indépendant, qui dut souvent entrer en lutte avec les Galla. En 1825, les Turcs de Zeila furent expulsés de divers postes voisins; En 1875, les Égyptiens occupèrent la côte, puis s'avancèrent à travers le pays des Issa Danâkil et s'installèrent à Harar jusqu'à leur évacuation de 1885. En 1887, les troupes chrétiennes du Choa battirent à Tchallanko celles des Harari; la ville reconnut le roi Ménélik II et fut réunie au royaume d'Éthiopie.

La *population* indigène se compose de *Harari*. Ceux-ci fournissent de nombreux commerçants. C'est un peuple assez cultivé, que l'influence arabe a longtemps dominé et que ne parvient pas encore à assimiler la civilisation chrétienne des Éthiopiens.

La population Harari est monogame, et les femmes jouissent à Harar d'une liberté qu'elles ignorent dans les autres pays musulmans.

L'invasion arabe, puis la domination galla convertirent les Harari à la secte religieuse chiite, mais sans supprimer le parler local.

L'*idiome* Harari est le rameau le plus méridional des langues sous-sémitiques. Les citadins l'appellent *Gheuy-Sinan* « parler du pays », par opposition au Galla ou Oromo qu'ils désignent sous le nom de *Arghetta-Sinan* « langue des campagnards », parlée autour de la ville, sauf vers l'O. dans un canton d'Éthiopiens musulmans, appelés Argobba, où il s'est maintenu un patois amharique. Le Somâli commence au N., à Gueldeïssa.

337 k. 4, *Ourso*, à 1.112 mèt. d'alt.

La voie ferrée longe le versant septentrional de la chaîne du *Tchercher*, habitée par des Galla sédentaires. Son versant méridional, creusé de riches vallées, produit du café, des céréales.

369 k. 2, *Errer*, à 1,098 mèt. d'alt.

376 k. 2, *Gotha*, à 1.172 mèt. d'alt.

394 k. 7, *Bicket*, à 1.102 mèt. d'alt.

420 k. 8, *Afdem*, à 1.108 mèt. d'alt. dans un site agréable, dominé d'une part par la chaîne du Tchercher et de l'autre par le mont Afraba. *Buffet.*

Centre d'affaires avec le pays Ouollo au N. et le Tchercher au S.

449 k., *Moullou*, à 1.256 mèt. d'alt.

La voie franchit le col d'Assabot par 1.481 mèt. entre les chaînes boisées du Gouba Obi au S. et d'Assabot au N.

460 k. 8, *Méhesso*, à 1.300 mèt. d'alt., marché d'échange.

495 k. 7, *Khora*, à 1.170 mèt. d'alt.

517 k. 2, *Arba*, dans la vallée du même nom, à 1.101 mèt. d'alt. Centre actif.

La voie descend vers la vallée de l'Aouache, dont elle aborde le passage (546 k.) sur un pont métallique de 151 mèt. de long, lancé à 60 mèt. au-dessus du fleuve.

547 k., *Aouache*, à 874 mèt. d'alt. dominé par d'imposants massifs volcaniques, surtout au S. *Hôtel.*

578 k. 7, *Métahara*, à 874 mèt. d'alt.; lac salé. Au N. le *Fantalé*, volcan assoupi qui laisserait encore apparaître des fumées. Avant la station, la voie borde une coulée de lave.

La ligne aborde les hauts plateaux du Choa.

616 k. 7, *Malka-Djilo*, à 1.117 mèt. d'alt., marché, où à la saison se concentrent les grains et les légumes secs venant du plateau de Mindjar et qu'on échange contre du sel un peu de cotonnades et de sucre.

656 k. 7, *Oualankilé*, à 1.447 mèt. d'alt., marché, au pied du mont Bosseta.

680 k. 4, *Hadama*, à 1.640 mèt. d'alt.

707 k. 5, *Modjo*, à 1.875 mèt. d'alt., dans un site agréable; verdure. *Buffet.*

Ce marché reçoit des peaux et des grains du Mindjar au N., le beurre des Aroussi au S., et envoie des cotonnades, du sel, du sucre, du pétrole.

731 k. 4, *les Adda*, à 1.891 mèt. d'alt. dans une région cultivée.

741 k. 9, *Doukhäm*, à 1.912 mèt. d'alt. marché local (céréales, légumes secs).

761 k. 2, *Akaki*, à 2.150 mèt d'alt.

783 k. 2, *Addis-Abéba*, à 2.400 mèt. d'alt., dont le terminus prévu doit être porté au k. 792. 80.000 hab. Capitale du royaume d'Éthiopie, située dans la province du Choa, au climat européen. Douane, visite des bagages. *Hôtels* (H. Terrasse, où l'on peut préparer ses excursions).

Ancien camp militaire de Ménélik, transformé peu à peu en ville étendue, assainie par une forêt d'eucalyptus créée avec elle et qui l'abrite.

Le Guebbi (Palais royal). Légations de France, d'Angleterre, d'Italie, etc. Mission catholique des Lazaristes.

Addis-Abéba est le plus important centre commercial du royaume, fréquenté par des caravanes de mulets et de dromadaires qui transportent les marchandises jusqu'à 400 kil. à la ronde.

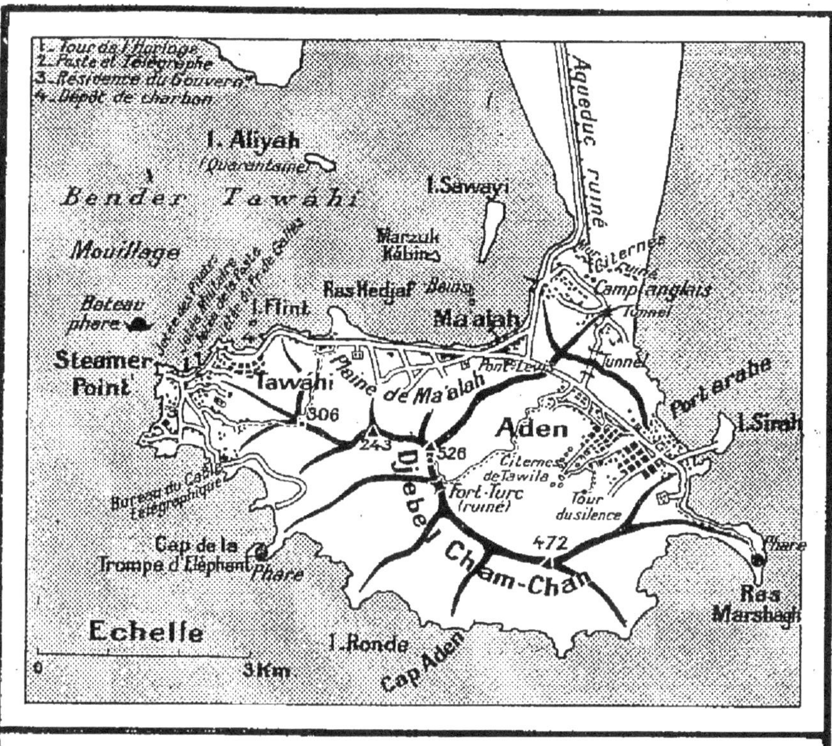

1. Tour de l'Horloge
2. Poste et Télégraphe
3. Résidence du Gouvern.t
4. Dépôt de charbon
1. Aliyah
Quarantaine
Bender Tawahi
1. Sawayi
Mouillage
Marzuk Kébir
Bateau phare
Ras Hedjaf
Belus
Camp anglais
Steamer Point
I. Flint
Ma'alah
Tunnel
Tawahi
Plaine de Ma'alah
Pont-Levi
Tunnel
Port arabe
306
Aden
I. Sirah
243
526
Djebel
Citernes de Tawila
Bureau du Cable télégraphique
Fort-Turc (ruiné)
Tour du silence
Cap de la Trompe d'Éléphant
Phare
Djebel Cham-Chan
472
Phare
Ras Marshagh
Echelle
1. Ronde
Cap Aden
0
3 Km.

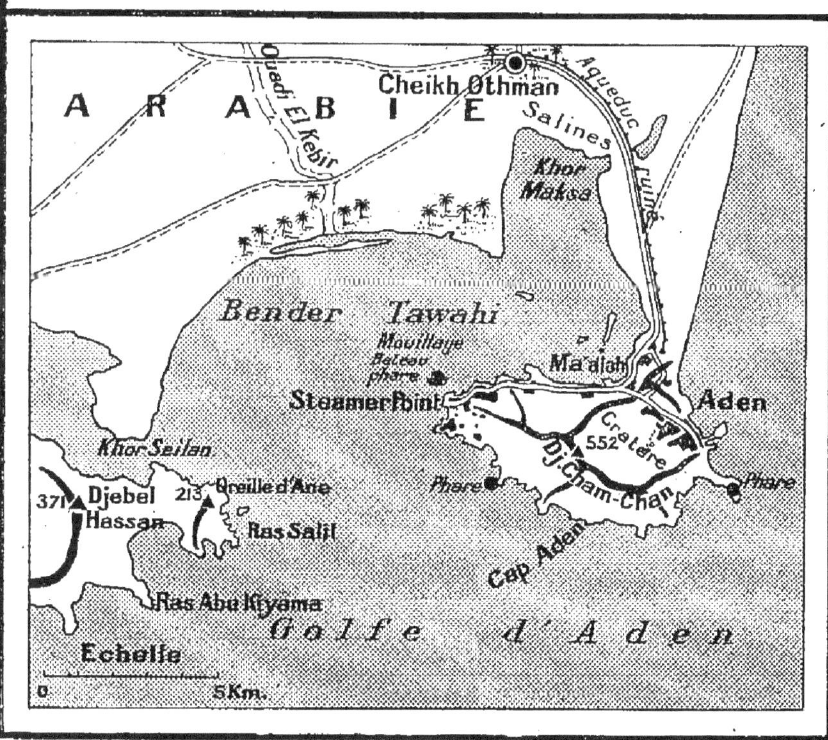

A R A B I E
Ouadi El Kebir
Cheikh Othman
Salines
Aqueduc ruiné
Khor Maksa
Bender Tawahi
Mouillage
Bateau phare
Ma'alah
Steamer Point
Aden
Khor Seilan
Cratère
552
Dj. Cham-Chan
371
Djebel Hassan
213
Oreille d'Ane
Phare
Phare
Ras Salif
Cap Aden
Ras Abu Kiyama
Golfe d'Aden
Echelle
0
5 Km.

Ce marché reçoit de l'intérieur, des peaux, des céréales et de la farine du Choa; de l'ivoire, des peaux, de la cire, du caoutchouc, de l'or de Goré et d'Ouallaga à l'O.; des peaux du Godjam dans la boucle du Nil Bleu; des peaux, du café, de la cire, de la civette, du Djimma au S.-O.; du café, des peaux de bœufs, de la cire, de la civette, du Kiffa, etc.

Route carrossable sur le plateau : Addis Abéba à *Addis-Alem.* « Nouveau Monde » (30 k.), par *Guennet*, « Paradis terrestre » où Ménélik s'était fait construire vers 1902 une maison de plaisance.

Le royaume d'Éthiopie a une superficie de 1.120.000 kmq. et sa population est évaluée à 10.000.000 d'hab.

Il comprend : 1° les principautés éthiopiennes du Tigré avec Lasta au N.-E., d'Amhara avec Gojam à l'O., de Choa au S.; 2° les pays dépendants, dont l'Harar.

C'est une monarchie sous un souverain chrétien, le *Negous néguesti* « Roi des rois ».

La *religion* nationale est le christianisme copte *monophysisme*, ne reconnaissant qu'une seule nature en Jésus-Christ. Cette doctrine, soutenue au v° s., qui veut que la nature divine ait absorbé la nature humaine, fut désormais celle des patriarches d'Alexandrie.

Il existe aussi un grand nombre de musulmans et de païens, et environ 50.000 Falacha (Juifs).

7. Aden.

Aden à Colombo, 2.093 milles m.; traj. en 7 à 8 j.j Aden à Bombay 1.664 m., traj. en 6 j.; — Aden à *Port-Saïd*, 1.395 m., traj. en 6 j.

La côte d'Arabie apparaît sur la g., puis on pénètre dans une vaste baie de 6 k. de large sur autant de profondeur, flanquée, à l'entrée de deux hauts massifs arides et brûlés : c'est la *rade d'Aden.* A l'O., le *djebel Hassan* (371 mèt. alt.); à l'E., le *djebel Chamchan.* C'est ce dernier relief rocheux qui constitue le promontoire (54 kmq.); son sommet atteint 525 mèt. d'alt. (signal maritime; ruines d'un fortin arabe); *Aden,* au pied du versant N. de la montagne, reste caché du mouillage.

Dans la rade, planent des busards, des vautours, des circaètes; des goélands volent en bandes, se posent sur les rochers et les bouées. Les montagnes d'Aden se détachent dans une lumière d'émeraude. Les murailles, les forts archaïques restent imposants, mais désuets; la vraie défense des points stratégiques réside dans la flotte et dans la maîtrise de la mer.

Les paquebots jettent l'ancre à proximité (3/4 m.) de *Steamer-Point*, le quartier européen.

Services administratifs, télégraphe, garnison, clubs, hôpitaux, temples, bungalows.

Hôtels : voir l'Index touristique.

Excursion : De *Steamer-Point à Aden*, 7 k.; auto en 20 min.; — voiture en 35 min.; Aden aux Citernes, 10 min.; visite des réservoirs, 15 min.; détours dans la ville indigène, 15 min.; retour à Steamer-Point par les tunnels en 45 min. Durée de l'excursion et visite : 1 h. 20 en auto, ou 2 h. en voiture (gharrie).

Vers Indoch. 3.

La presqu'île d'Aden est située, par 12° 46' de latit. N. et 44° 59' de long. E. de G., sur la côte méridionale du Yémen, au N. du golfe d'Aden.

Son territoire, cédé par le sultan de Lahadj, a une superficie de 20.000 kmq.; il relève de la Présidence de Bombay (Indes).

Une route relie *Steamer-Point* à *Aden*. Du quartier maritime, elle longe le rivage de la rade et pénètre dans le bourg indigène de *Tawâhi*. Sur l'esplanade ensoleillée, donnent les hôtels, les bazars, les consulats, où les passagers se retrouvent et échangent leurs impressions sur leur descente en terre ferme. Plus loin, ce sont les dépôts considérables de charbon; là sont constamment accumulés, pour les besoins ordinaires, 50.000 T. de Cardiff ou de houille d'Australie, que les Somalis disposent en tas réguliers sur le rivage, ou chargent sur les chalands pour les besoins des paquebots.

Après la Petite Passe, on a à dr. un cimetière musulman, puis la route, poussiéreuse, traverse la plaine de *Ma'ala* et la bourgade du même nom.

En s'élevant, les regards dominent les terres basses, que blanchissent à l'horizon des dépôts de sel situés dans la direction de Cheik-Othman, perçoivent les jardins de ce village semblables à une oasis perdue au milieu des sables, puis les mâtures des boutres arabes à l'ancre dans la rade merveilleuse de tons bleus et verts par le soleil couchant. Devant soi, deux sommets rocheux, jambages de la porte colossale de la « Main Pass », munie d'un pont-levis gardé pour assurer la sécurité de Steamer-Point. Tout le long, on croise des files de dromadaires chargés, d'ânes porteurs d'outres d'eau douce, des Arabes du Yémen et du Hedjaz, des équipages d'Anglais, de Parsis aux bésicles d'or et à la tiare traditionnelle, des patrouilles de Cipayes à la toque de toile blanche ombrageant un visage basané, enfin de gros camions bourrés de marchandises.

Au-delà de l'ouvrage fortifié, on laisse à g., le tunnel percé à travers la chaînette du Mansuri. La route descend assez rapide, puis on découvre la ville d'Aden, en face de la grande mer, bâtie dans un immense cirque, au fond d'un vaste cratère égueulé, bordé de montagnes pelées.

Historique. « Le nom d'Aden est celui du fils d'Ismaël, fils d'Abraham (Bakoui). »

La situation stratégique d'Aden fut toujours convoitée par les puissants États qui voulurent détenir la clé de la porte de la Mer Rouge. « C'est l'entrepôt du pays de Sana; c'est le port des navires de Chine et de Malaca (Yakûbî). »

En 1173, le sultan d'Égypte, Saladin, envoya ses troupes occuper le Yémen, pur, Aden « port considérable où venaient les marchands de l'Inde, du Zanguebar, de l'Éthiopie, d'Oman, du Kerman, de Perse et d'autres endroits ». Vers la fin du XIIIe s., Marco Polo fit escale à Aden où son « soudan (sultan) en a si grant droit, de ce qui se charge à son port, qu'il dist qu'il est un des plus riches seigneurs du monde ».

Les Portugais avaient avantage à s'assurer la possession de ce hâvre. Albuquerque, avec 20 voiles, s'y présenta en fév. 1513, mais après quatre jours de siège il se réembarqua.

Les Turcs, sous Soliman le Magnifique, venus sur 74 bâtiments, l'occupèrent par surprise en août 1539.

Au XVII° s., Aden releva du sultanat indépendant de Lahadj. En 1802, la Compagnie anglaise des Indes passa avec ce chef un traité de commerce et d'amitié; ce fut son premier acte avant son intervention sur les côtes d'Arabie.

Ce littoral était infesté de pirates et de négriers; les Arabes s'en prirent même à un navire anglais, qui fut saisi et pillé.

L'Angleterre n'ayant pas obtenu satisfaction fit une démonstration devant Aden, puis un débarquement, en janvier 1839. Cette occupation étrangère réveilla le fanatisme des sultanats d'Arabie, et des troupes musulmanes vinrent faire le siège de la place, notamment en 1840 et en 1850. Enfin, le sultan de Lahadj céda Aden contre une indemnité.

Derrière le vieil Aden, les *Parsis*, adorateurs du feu et du soleil comme au temps de Zoroastre, entretiennent le feu sacré, apporté solennellement des Indes, ont élevé un pyrée et un club, et sur un monticule une *Tour du Silence*.

Sur la dr., et au fond du cirque cratériforme, sont les célèbres Citernes (*Tanks*, ou *Waterworks*) de Tawila.

Ces citernes sont très anciennes. En 1854, le lieutenant Playfair les reconnut et en releva cinquante, dont huit ont été restaurées et agrandies. Quelques-unes, très profondes, sont situées aux flancs d'une montagne entrouverte qu'une violente commotion sismique aura disjointe; elles s'étagent, se succèdent sur 250 mèt. de long, drainant les eaux d'un fortuit orage, dont le suivant peut se faire attendre deux et trois ans; vastes et maçonnées, elles peuvent tenir en réserve 41.000 mèt. cubes. Le principal réservoir est le Pfayfair Tank; il a 50 mèt. de largeur. Ces citernes contribuent à entretenir dans ce lieu une fraîcheur relative et une végétation chétive qui semble ici délicieuse ; des *Poinciniania*, à fleurs blanches et jaunes, des acacias grêles, l'*Hibiscus tiliaccus*, plante des sables brûlants.

On reviendra à Steamer-Point par le *tunnel* de 400 mèt. de long percé dans le Mansuri, auquel fait suite celui de Basul Giref, de 80 mèt. de creux. On débouche au *camp anglais*, pour retrouver à Ma'ala, la route suivie à l'aller.

Le quai de *Steamer-Point* est le rendez-vous des Européens. Ceux-ci, sortis dès 5 h. du matin pour aller à leur bureau ou pour jouer au tennis, se sont retrouvés à 13 h. au club pour y recueillir les nouvelles de la matinée, mais la vie animée ne commence que vers 17 h., lorsque le soleil disparaît derrière l'écran des montagnes; les résidants, les officiers, leurs femmes font leur promenade, à pied, à cheval, en auto ou en charrette anglaise, ou vont à une réunion sportive. Les Anglais importent partout leurs habitudes et dans les pays chauds plus qu'ailleurs. « La méthode de colonisation anglaise qui attache tant d'importance à la bonne organisation matérielle de la vie, ne se préoccupe pas moins d'entretenir l'esprit de ses fonctionnaires alerte et les relations cordiales. On y pourvoit par des jeux sportifs et d'ingénieux divertissements pris en commun (H. Le Roux). » On y prépare des « gymkhana » (esplanade), auquel le chef de la colonie et toute la société d'Aden sont conviés.

Dès la chute du jour, les indigènes deviennent plus rares; ils circulent sans bruit dans les rues et les carrefours, surveillés attentivement par des factionnaires cipayes, postés en armes au milieu des chemins.

ITINÉRAIRE:

Aden à *Sana*, 335 k. N. : 40 k., *El Hota*, oasis et centre principal du Lahadj, dans la zone côtière, plate, formée de sables. L'Arabie Heureuse ne commence que vers le k. 180, dans la région montagneuse (1.200 à 2.200 mèt.) qui bientôt s'élève jusqu'à 3.000 mèt. sur le haut plateau de Sérât, au climat tempéré : rivière, norias pour l'irrigation des terres fertiles. *Sana*, capitale de l'iman du Yémen, 48 mosquées. Au N., dans le Bled Hamdan, nombreux volcans éteints.

8. Djibouti à Colombo.

2.217 milles m.; trajet en 8 journées env.

Au début de cette traversée, le vapeur longe une côte basse, sablonneuse limitée par des falaises grises ou fauves; quelques rares touffes de palmiers doums. C'est le littoral africain du *Somaliland* anglais (176.000 kmq. et 300.000 hab.) continué par celui du territoire italien. Dans le S., les petits ports de Zeila et de *Berbera* (capitale), Bossaso (sultanat des Migiurtini italien), le Ras Alulah, le faux cap et *Gardafui* (phare), point redouté des navigateurs, qui reconnaissent dans la masse du rocher la silhouette d'un lion immense, gardien du continent noir.

La côte italienne fuit dans le S.-O. vers Obbia et *Mogadisco*, capitale d'un territoire de 400.000 kmq., mais peu peuplé (450.000 hab.).

A l'horizon, des îlots, puis *Socotra* (3.580 kmq.; 5.000 hab.), au sol crétacique, marin et récifal (calcaires à Rudistes), avec un sommet, le *djebel Hagghier*, de 1.420 mèt. d'alt. Cette terre, occupée par les Anglais, en 1855, relève du gouverneur d'Aden; c'est le lieu de bannissement des indigènes des Indes. La capitale, *Tamrida* ou Hadibu, est un petit port sur la côte N.

On vogue maintenant en plein *Océan Indien*, dans une direction presque E.-S.-E., sur une eau d'un bleu intense, dont les profondeurs s'accentuent rapidement.

·Les poissons volants réapparaissent; parfois, dans le lointain, des souffles d'eau avertissent du passage d'un couple. de baleines.

L'*Étoile Polaire*, qui depuis le Tropique du Cancer ne cessait de s'abaisser vers l'horizon, a maintenant disparu. Les navigateurs se guident sur les constellations de l'hémisphère austral; parmi celles-ci, la *Croix du Sud*, formée de quatre étoiles dont la plus petite reste fixée dans le ciel.

Météorologie. On distingue dans ces régions deux saisons météorologiques, appelées *moussons*, correspondant à des conditions de chaleur et de lumières diverses qui influent sur la formation et la direction des vents.

La mousson d'été, avec vent du S.-E., commence vers la seconde semaine de juin et dure quatre mois (juin à octobre). Le ciel se couvre alors de nuages, la chaleur plus élevée rend la respiration moins aisée, l'atmosphère se charge d'électricité. Des éclairs illuminent souvent la mer et des orages violents éclatent.

La mousson d'hiver, avec vent du N.-O., remplit à peu près le reste de l'année; la température devient régulière et relativement agréable.

L'établissement d'une nouvelle mousson entraîne souvent de terribles tempêtes, des ouragans tournants animés d'un mouvement de translation, appelés *cyclones* (en Extrême-Orient, *typhons*). Ceux de l'hémisphère N. tournent en sens inverse des aiguilles d'une montre, contrairement aux mêmes tempêtes qui se produisent au S. de la ligne équatoriale.

Sous ces latitudes, la durée nocturne tend à se rapprocher de la durée diurne et le crépuscule dure parfois un quart d'heure.

Ce vaste océan fut pour la première fois parcouru par une flotte européenne en 1498. L'escadre portugaise de Vasco de Gama, pilotée par Ibn Mâjid, partit de Malinda sur la côte orientale d'Afrique et vint aborder à Calicut dans le S.-S.-E. des Indes.

Au XVe s., la navigation dans cette partie des mers était assurée par les Arabes, les gens d'Hormuz qui avaient remplacé les Persans, les gens de l'Inde occidentale, les Chola du Coromandel, les Zang, nègres de la côte orientale d'Afrique et les Komr de Madagascar. Au delà, par les Malais et les Chinois.

Après des fonds de 3 et 4.000 mèt., le plateau sous-marin se relève doucement.

Un îlot corallien, signalé par ses cocotiers et son phare, est comme posé en éclaireur en plein océan. C'est *Minikoi*, à 415 milles de Colombo. Il donne la route aux navigateurs qui se sont engagés par le « Chenal du Neuvième degré », ou par celui « du Huitième degré » plus habituellement parcouru.

Minikoi est *Monake* de Ptolémée, *Mulaki* des Arabes, *Ma-li-k'i* des Chinois.

Minikoi relève de l'archipel des Laquedives, c'est-à-dire des Indes, quoique ses habitants se disent de même origine que les insulaires des Maldives, protectorat ceylanais.

Dans le voisinage, on remarquera les curieux et frêles esquifs des indigènes, pirogues creusées dans un tronc d'arbre et maintenues en équilibre par l'adjonction d'un balancier-flotteur.

La sortie de la Passe de Minikoi est au carrefour des routes de Suez, des Mascareignes, de Bombay et d'Australie vers *Colombo*.

C'est dans ces parages qu'en 1914 (16 au 19 oct.) le croiseur allemand *Emden* arrêta six vapeurs anglais, en coula cinq et captura le dernier.

Après cette traversée un peu longue, vécue sans effor
la chaleur accablante de la mer Rouge, la vue des côtes stéril
et des montagnes décharnées d'Afrique et d'Arabie, le voyage
éprouve une sensation de réel réconfort en apercevant dans un
lumière éclatante, la première terre verdoyante et habité
Ceylan, l'enchantée.

Colombo est bien « au fond d'une baie d'azur, sous le ciel d
Naples, une ville blanche comme Alger, couchée au milie
d'une végétation qui rivalise de vigueur avec celle de la baie d
Rio (J. Leclercq) ».

Cette impression de charme, de beauté, à l'arrivée dans c
pays de verdure, de nuances, de parfums, opposée à la tristess
des bords qu'on vient de quitter, explique que les navigateur
de tous les temps aient dépeint cette île comme étant l
paradis, le séjour des dieux.

CEYLAN

L'île de Ceylan (Ceylon, *a*) est située à 60 kil. au S. de la presqu'île des Indes. Son étendue est de 430 kil. du N. au S. et de 225 kil. de l'E. à l'O. Sa circonférence est de 1.225 kil. Sa *superficie* de 25.332 m. c. (65.600 kmq.; 7 fois et demie l'île de Corse; Écosse, 29.796 m. c.).

Son massif montagneux est traversé par le 7° de latitude N. et le 80°40' de longitude E. de G.

Distances. Colombo est, par mer, à 2.093 milles m. d'Aden (7 jours); — à 7.083 m. de Londres (21 j.); — à 609 m. de Madras (2 j. 1/2); — à 1.250 m. de Calcutta (4 j.); — à 891 m. de Bombay (3 j.); — à 1.570 m. de Singapore (5 j.); — à 3.135 de Fremantle d'Australie (10 j.).

HISTORIQUE

Ceylan fut une terre connue des civilisations hindoues; des récits épiques du Râmâyana (IV⁰ s. avant notre ère) y placent, sous le nom de Lanka, certaines des scènes principales. L'histoire de Ceylan puise ses récits anciens dans les chroniques du Dîpavamsa (IV⁰ s. AD.) et du Mahâvamsa (commencées au V⁰ s. AD., comprenant la généalogie royale depuis 543 av. J.-C. à 1758 AD.).

En l'an 543 avant J.-C., le roi *Vijaya*, brâhmaniste, venant du continent, s'empara de l'île. Le nouveau souverain se disait descendre de la lignée du clan du Lion (Simha), et c'est ce nom qui passa dans diverses langues pour désigner le royaume et l'île de Ceylan.

Anurâdha fonda en 457 avant J.-C. la ville qui porte son nom.

Tissa accueillit le moine bouddhiste *Mahinda* (307 avant J.-C.) et se convertit aux doctrines du Bouddha.

Dutthagâmani (mi-III⁰ s. avant J.-C.) fut un zélateur du bouddhisme.

Çrî Megha-varna (304 à 332 AD.) chargea deux bhikshu de se rendre en pèlerinage aux Lieux Saints de la Mahâbodhi, au pays du roi Samudragupta (326 à 375), puis d'y fonder un monastère ceylanais.

En 410, le pèlerin bouddhiste chinois *Fa-hien* visita Ceylan.

En 426, huit nonnes singhalaises arrivèrent à Nankin, alors capitale de la dynastie chinoise des Song, et y créèrent un couvent bouddhiste de femmes.

Dhâtusena (459 à 477) fit écrire la chronique singhalaise du Mahâvamsa par le religieux Mahânâman.

Une nouvelle invasion des Tamoul fit évacuer Anurâdhapura, en 769, et le gouvernement alla s'installer à Polonnaruva. Cette ville fut également prise en 1023 par les gens du S. des Indes, et la cour dut se transporter en 1235 à Dambadeniya, puis à Japahu, à Kurunegala, à Gampola, enfin à Kandy.

En 1405, l'eunuque Tcheng Ho, amiral de l'empereur Yong-lo, arriva en vue de Ceylan pour faire des offrandes aux sanctuaires bouddhiques. Accueilli en ennemi, il s'empara de la capitale, fit le roi Alagakkonâra prisonnier et l'emmena en Chine d'où il fut relâché (1411). L'envoyé chinois fit donner le trône à Parakkâma Bâhu Râja, descendant de l'ancienne famille royale, qui envoya des ambassades aux empereurs des Ming en 1445 et en 1459. De cette expédition, il fut écrit des relations chinoises où l'on signale le pic d'Adam et le Bouddha couché de Kelani.

Les Portugais de Goa abordèrent à Ceylan en 1505; ils occupèrent Colombo en 1517, Galle et les ports principaux pour contrôler le commerce; ils firent de nombreux chrétiens et allèrent même jusqu'à Kandy, qu'ils pillèrent.

Les Hollandais envoyèrent une ambassade à Vimala Dharma, en 1595, puis

Ils commencèrent à s'installer sur le littoral E., à Batticaloa, en 1603, et occupèrent peu à peu les ports des Portugais. En 1656, Gérard Hock s'empara de Colombo; Ceylan changeait de maîtres. La Hollande conserva l'île jusqu'à l'occupation des Pays-Bas par la France; Van Engelbeck fut le dernier gouverneur néerlandais de Colombo; il remit la ville aux Anglais le 16 février 1796.

La France, qui possédait des établissements à Madagascar et aux Indes, parut à plusieurs reprises à Ceylan. La Haye se présenta à Pointe-de-Galle en 1672, et Suffren en 1780 prit Trincomali (Trinquemale) aux Anglais et restitua la ville aux Hollandais.

Les traités de 1802 et de 1815 abandonnèrent Ceylan aux Anglais, mais ceux-ci durent entreprendre la conquête de l'intérieur. Kandy, défendu par ses forêts et ses montagnes, restait le foyer de l'indépendance. L'Angleterre dut y envoyer des troupes. Quatre mille hommes, formés en deux colonnes, commandés par le général Macdowall, s'emparèrent de la capitale en février 1803. Mille soldats, dont 300 Anglais, résidèrent à Kandy, mais cette troupe, décimée bientôt par la maladie et la disette, dut quitter le pays; ce fut pendant cette retraite que les Anglais, surpris par les Indigènes, se rendirent; tous les prisonniers furent tués. Les Anglais ne reparurent qu'en 1814. Ils profitèrent de discordes politiques dans le Gouvernement de Kandy pour marcher sur Siri Vikrama Râja; la capitale du monarque fut prise, et lui-même fait prisonnier. L'Angleterre supprima la souveraineté (1815) et réunit tous les États de Ceylan sous la dépendance de la Couronne.

DÉNOMINATIONS

Ceylan apparaît dans les annales et les relations sous les noms de :

Lankâ-dvîpa, « île de Langka », puis de *Simha-dvîpa*, abrégé en *Sîhadîpa*, « île [de la dynastie du clan] du Lion », en chinois *Sseu-ho t'iao*.

Fa-hien, pèlerin chinois bouddhiste (début du V⁰ s. AD.), l'appela *Che-tseu kouo*, « Royaume [du clan] du Lion »; Hiuan-tsang, *Seng-kia-lo;* Yi-tsing, *Seng-ho-lo* (Simha-la). Kia Tan (fin du VIII⁰ s.) dit : « Puis... on arrive au *Che-tseu-kouo*. Sa côte septentrionale est à 100 *li* du littoral méridional de l'Inde du Sud. »

Les Arabes l'appellent *Siyalân*, d'où *Si-lan* des Chinois du XIII⁰ s. et *Ceylan* des Européens. Au contraire, la région du Pic d'Adam reçoit le nom de *Sirandîb* par les Arabes, et de *Si-louen-tie* par les Chinois.

FLORE

Ceylan possède une végétation très variée, selon qu'on examine la flore à la côte ou à la montagne, mais pour le passager, l'arbre caractéristique est le palmier.

Sur le littoral, c'est le *palmier-cocotier* (Cocos nucifera) répandu dans les districts du S. et de l'O., tandis que le *palmier à sucre* (Borassus flabellifer) ou rondier-éventail pousse surtout dans le N. et dans l'E.

Parmi les autres palmiers : l'*aréquier* (Areca catechu) dont l'amande est le masticatoire habituel des indigènes; le *talipot* (Corypha umbraculifera), aux feuilles employées comme parchemins des textes bouddhiques; le *caryote* (Caryota urens) fournit une sorte de sagou; le *ravenala*, palmier-éventail (Urania superbe) ou arbre du voyageur.

Parmi les arbres fruitiers, l'arbre à pain, le jaquier, le mangoustan, le douriau, le pamplemousse, le papayer, l'avocatier, le grenadier, l'oranger, le citronnier, etc.

On trouve encore le quinquina, le muscadier, le cannelier, le piment, les arbres à épices.

Enfin, les grandes cultures de *théiers*, *d'hévéas*, dont les produits, avec ceux des *palmiers*, constituent les 4/5 du chiffre de l'exportation.

FAUNE

L'animal le plus considéré, surtout dans l'ancien temps, est l'*éléphant*. L'espèce de Ceylan est de taille un peu plus petite que celle des Indes, mais son dressage est plus facile. Leur nombre est aujourd'hui assez restreint, même dans la jungle du S.-E.

Parmi les animaux domestiques, le *zébu*, employé comme bête de selle et de trait.

On peut chasser le sanglier, plusieurs espèces de cervidés, de bœufs sauvages et de singes, le léopard, l'ours.

Comme reptiles, le crocodile, le serpent.

Sur la côte S., les Singhalais capturent les tortues, les dépouillent de leur écaille et les rejettent à la mer.

Dans le golfe de Manaar, on trouve l'*huître perlière*; le banc est divisé en huit sections et la pêche réglementée.

PRÉHISTORIQUE

On a constaté dans des grottes de la région de Kandy l'existence de dépôts d'instruments en pierre, industrie rapprochée de celle du Magdalénien, présentant un facies un peu spécial; les instruments en quartz et parfois en cristal de roche sont grossiers.

Les autochtones en étaient encore au stade paléolithique lorsque la civilisation du fer leur fut apportée.

Il semble que la connexion entre Ceylan et le Continent, à l'époque quaternaire, ait été de courte durée, ce qui expliquerait pourquoi certains grands mammifères, le tigre, la hyène, le rhinocéros, n'ont pas pénétré à Ceylan.

La plus ancienne population insulaire qui ait survécu aux cataclysmes du gouffre océanique est la tribu des Vedda.

ETHNOGRAPHIE

La population s'élève à 4.505.000 âmes (1921) et augmente annuellement de 35 à 40.000.

Les *Singhalais* sont les plus nombreux (3.016.154, dont 1.089.097 dans la région de Kandy); ils sont aborigènes.

Les *Tamouls* (Tamils) habitent le N. de l'île et sont originaires du Continent (1.120.059, dont 602.735 natifs des Indes). Plus travailleurs que les Singhalais, ils viennent chaque année en grand nombre dans les plantations au moment des récoltes.

Les *Maures* (Mores) proviennent de l'Arabie (284.964, dont 33.026 nés aux Indes).

Les *Malais* (13.402) habitent quelques ports de pêche.

Les *Vedda* (4.510) sont les premiers habitants de l'île, mais la race diminue rapidement; ils se rencontrent dans l'arrière-pays de Batticaloa.

Les *Burghers*, *Portugais* et *Eurasiens* (29.439) habitent les villes.

Les *Européens* (8.118) sont surtout représentés par les Anglais (259 Français).

LANGUES.

Le *Singhalais* serait une langue aryenne, assez proche parente du *sindâhi*, du *gujarâtî* et surtout du *marâthi*, ayant certains points de contact avec le pâli, non des écritures bouddhiques, mais d'un dialecte populaire voisin de cette langue. On appelle *elu* le singhalais classique.

Dans la montagne, se parle le *Kandy*, enfin, surtout dans le N., le *Tamoul*.

RELIGIONS

Le *Bouddhisme* est la religion du plus grand nombre (2.769.805); c'est celle des Singhalais; elle aurait été prêchée dans l'île à l'époque d'Açoka.

L'*Hindouisme* (Brâhmanisme) est surtout suivi par les Tamouls (982.073).

L'*Islamisme* a ses adeptes (302.532) parmi les Maures et les Malais; il fut apporté vers le IX⁰ s.

Le *Christianisme* compte 443.400 fidèles, dont 368.499 catholiques romains; il fut enseigné dès le début du XVI⁰ s. par les Portugais.

Ceylan comprend un archevêché catholique à Colombo, et des évêchés à Kandy, à Galle, à Trincomali et à Jaffna.

Les Protestants sont représentés par l'Église d'Angleterre (44.730), les Wesleyens (17.345), les Presbytériens (3.536), les Baptistes, etc.

GOUVERNEMENT.

Ceylan est une « colonie de la couronne », indépendante du Gouvernement des Indes, relevant directement du secrétaire d'État pour les Colonies, à Londres.

Le *gouverneur* (nommé pour 5 ans) est assisté de deux Conseils. Un *Conseil exécutif* formé des chefs de l'administration et des services civils; un *Conseil législatif* représentant les intérêts de la colonie, comprenant 23 membres élus par la population, 11 délégués de groupements économiques ou ethniques, 12 fonctionnaires et 7 autres membres nommés par le gouverneur.

Le siège du Gouvernement est Colombo.

L'île est divisée en neuf provinces; il existe aussi trois municipalités indépendantes (Colombo, Kandy, Galle).

MONNAIE

Le Gouvernement de Ceylan a en circulation : des *billets* de ROUPIES : 1, 2, 5, 10, 50, 100 et 1.000; des pièces d'*argent* de 1 R., 50 cents, 25 et 10; une pièce de *nickel* de 5 cents, et une de *cuivre* de 1 cent.

Les billets du Gouvernement des Indes sont sujets à un très léger escompte.

Rapport entre les monnaies :

Ceylan	Indes	Angleterre	États-Unis
R. cents	R. A. P.	£ s. d.	$ cents
1 00	1 — 0	— 1 4	— 30
— 50	— 8 0	— — 8	— 15
— 25	— 4 0	— — 4	— 7 1/2
— 10	— 1 7	— — 1 3/4	— 3

VOIES DE COMMUNICATION

Chemins de fer.

Les chemins de fer sont à voie normale (5 pieds 1/2), sauf la ligne de la vallée de Kelani et celle de Nuwara Eliya (2 p. 1/2). Ils sont administrés par la colonie.

Les trains les plus rapides parcourent en plaine 50 kilomètres et en montée 25 env. Les wagons de 1ʳᵉ et de 2⁰ classes réservés aux Européens sont assez confortables; un compartiment spécial est réservé, comme aux Indes, au personnel indigène attaché au voyageur. Certains « directs » ont un wagon-restaurant et des trains de nuit ont un wagon-couchettes.

Les tarifs de transport sont, par mille, de 10 cents 2/3 en première classe, et de 6 cents 2/3 en seconde (3 cents 1/3 en troisième).

Le réseau ferré a un développement de 948 milles (1.533 kil.), dont 117 m. à voie étroite.

Les lignes en exploitation sont celles :

1. De Colombo à Badulla, 181 m.; — 2. De Polgahawela à Kankesanturai, 211 m.; — 3. De Madawachchiya à Talaimannar, 66 m.; — 4. De Maho à Trincomali; — 5. De Gal Oya à Batticaloa; — 6. De Ragama à Puttalam, 83 m. 1/4; — 7. De Colombo à Matara, 98 m.; — 8. De Colombo à Opanaké, 85 m. 1/2; — 9. De Avisavela à Yatiyantota, 10 m.; — 10. De Nanu Oya à Ragalla, 25 m. 1/2.

Routes.

Ceylan est pourvu d'un grand nombre de bonnes routes, dont le développement atteint 12.640 milles; leur entretien donne lieu à la perception de péages réclamés aux usagers.

Distance de *Colombo* aux sites principaux :

Anurâdhapura (direct)	129 m.
— (viâ Matale)	155 m.
Badulla (viâ Peradeniya)	146 m. 1/2
Batticaloa (viâ Badulla)	250 m.
Galle	72 m. 1/2
Jaffna (viâ Kandy)	272 m.
Kandy	72 m.
Kegalla	49 m.
Mannar (viâ Kandy)	193 m.
Nuwara Eliya (viâ Peradeniya)	110 m.
— (viâ Ginigathena)	107 m.
Peradeniya	68 m.
Ratnapura (viâ Panadure et Horana)	59 m.
Trincomali (viâ Kurunegala)	170 m.

Les voitures *automobiles* sont nombreuses (7.000 autos et 2.000 cars, en 1926); elles sont pour 60 % d'origine américaine.

CLIMAT.

Ceylan, situé sous les tropiques, a un climat chaud influencé par les moussons. A certaines époques, l'Européen préfère la montagne à la côte.

Le climat dépend en partie de deux *moussons :* celle du N.-E., de fin novembre à mi-mai, crée une saison sèche et chaude; celle du S.-O., de fin mai à mi-novembre, est une saison de pluies régulières.

La période la plus chaude est celle d'avril et de mai. L'époque recommandée pour excursionner est en saison sèche de novembre à la mi-mars.

La température annuelle moyenne est de 26 à 28° sur la côte, et de 15 à 25° en montagne.

Les pluies tombent d'une façon très inégale selon la nature du sol. Dans certaines zones du N.-O. et du S.-E., les pluies fournissent à peine 1 m. c., tandis que dans la région montagneuse et boisée elles donnent de 2 à 4 m. c.

A Batticoloa, 1.372 m/m; à Kandy, 2.047 m/m; à Colombo, 2.237 m/m; à Nuwara Eliya, 2.410 m/m; à Hatton, 3.856 m/m.

TOURISME.

Ceylan est bien organisé pour le tourisme, hôtels nombreux et confortables, voies de communication desservant les sites archéologiques et les stations d'altitude.

Pour ne pas perdre de temps, le voyageur s'adressera dès son arrivée aux Agences de voyage, où il trouvera les renseignements pour visiter rapidement tous les points intéressants. L'Agence *Cook* a établi un choix de circuits à prix fixes (hôtels, chemin de fer et automobile). Quatre voyageurs loueront avantageusement une seule automobile.

Les points les plus visités sont : *Kandy*, la ville sainte du Bouddhisme; *Nuwara Eliya*, la grande station d'altitude; *Anurâdhapura*, la plus ancienne cité bouddhique connue; *Polonnâruva*, autre capitale ruinée. Les ascensionistes pourront gravir le *Pic d'Adam* (facile). Grandes plantations de *théiers* et d'*hévéas* (caoutchouc).

Les *chasseurs* pourront obtenir un permis taxé leur donnant le droit de tuer deux buffles sauvages dans une région déterminée. L'importation d'armes donne lieu à plusieurs démarches.

Hôtels. Le voyageur trouvera de bons hôtels dans les sites importants de tourisme. Dans les autres centres, c'est le Gouvernement qui s'est chargé d'assurer un gîte à l'étranger. Dans cette intention, il a installé sur les principales routes des hôtelleries, plus confortables que les *Dâk-Bungalows* des Indes, appelées à Ceylan *Rest-Houses*.

L'administration fournit le linge et le mobilier, et place un gérant qui est chargé de procurer à un prix modéré une nourriture convenable. Un registre est à la disposition du voyageur, qui y inscrit son nom et ses réclamations. Cette institution a été créée autrefois pour faciliter les déplacements des fonctionnaires, mais aujourd'hui c'est le touriste étranger qui en profite le plus. Le menu est invariable : pain grillé, œufs, côtelettes, confiture; thé, eau minérale, et bordeaux.

UNE EXCURSION DE 9 JOURS

1er jour. — Colombo. La ville indigène et le temple de Kelani. Galle Face, le Museum dans le Cinnamon Gardens. Mount Lavinia.

2e j. — Colombo, dép. de Maradana J. à 7 h. 25; arr. à Nuwara Eliya à 17 h. 20 (voir l'horaire).

3e j. — Nuwara Eliya. Jardin d'Hakgala. Le tour du Lac. Vue du Piduru Talagala (Pedro).

4e j. — Dép. de Nuwara Eliya à 9 h.; arr. à Kandy à 15 h. 30. Jardin de Peradeniya.

5e j. — Kandy. Le Temple de la Dent. Lady Horton's Walk. Dép. de Kandy à 15 h. 10; arr. à Matale à 17 h. R. H. Temple d'Alut à 3 k.

6e j. — En automobile de Matale à Dambulla (R. H.), 72 k.; temple dans les rochers; à Sigiriya, 24 k. (R. H.); à Polonnâruva (R. H.).

7e j. — Polonnâruva (R. H.); les ruines. Dép. l'après-midi; arr. à Anurâdhapura, par Habarane et Maradankadavala.

8e j. — Anurâdhapura; les ruines; Mihintale.

9e j. — Dép. d'Anurâdhapura à 7 h. 10, à 13 h. ou à min. 35; arr. à Colombo, à 2 h. 26, à 19 h. 12 ou à 8 h. 08. Si le voyageur se rend sur le continent : dép. d'Anurâdhapura à 13 h. 20; arr. à Talaimannar à 18 h. 20; traversée du détroit de Palk en ferry-boat en 2 h. 10. A Dhanushkodi, train pour Madura.

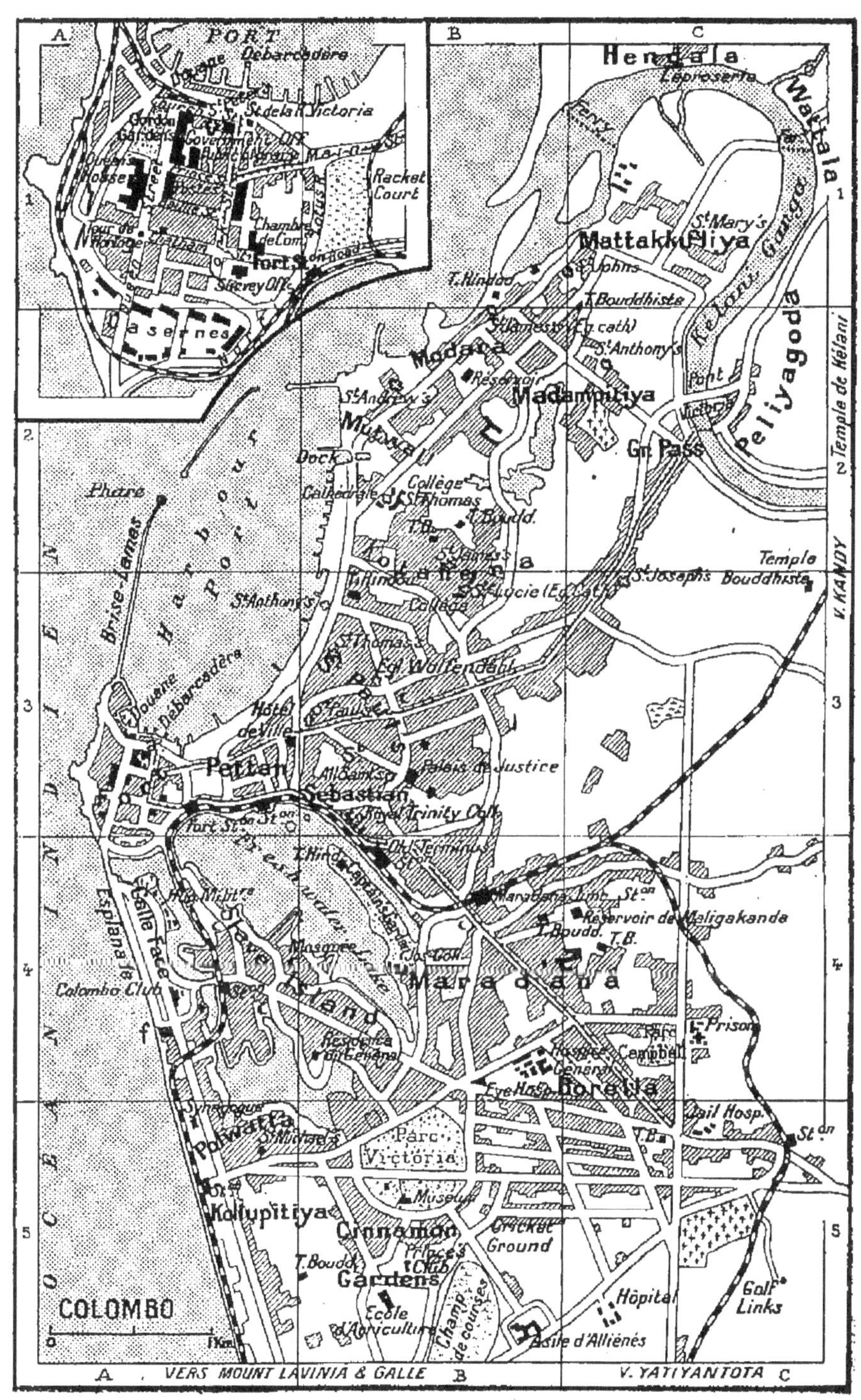

PORT
Débarcadère
A
B
C
Hendala
Léproserie
Wattala
St. de la Victoria
Gordon Gardens
Government Off.
Racket Court
Maisons
Fort St.on
Storey Off.
Casernes
Mattakkuliya
St. Mary's
St. Johns
T. Hindou
T. Bouddhiste
Modara
St. James (Eg. cath)
St. Anthony's
Pont
Peliyagoda
St. Andrew's
Réservoir
Madampitiya
Gr. Pass
Victoria
Musée
Temple de Kélani
Dock
Collège
Cathédrale
St. Thomas
T. B.
T. Boudd.
Phare
V. KANDY
Brise-lames
Temple
Harbour
Kotahena
St. Joseph's Bouddhiste
St. Anthony's
St. Lucie (Eg. Cath)
Collège
Port
St. Thomas
Douane
Débarcadère
Eg. Wolfendahl
Hôtel de V.
G. Tour
Palais de Justice
Pettah
St. Sebastian
Royal Trinity Coll.
Fort St.on St.on
Old Terminus
Esplanade
Hôp. Milit.
Capansie
Maradana Junc. St.on
Galle Face
Réservoir de Maligakanda
T. Boudd.
T. B.
Mosquée
Maradana
Clo. Coll.
Colombo Club
Slave Island
Prison
Parc Campbell
Mosquée
Eye Hosp.
Borella
Jail Hosp.
Synagogue
St. Michael's
Parc Victoria
T. B.
St.on
Polwatta
Musée
Kollupitiya
Cinnamon
Cricket Ground
T. Boudd.
Prince's Club
Gardens
Golf Links
École d'Agriculture
Champ de courses
Hôpital
Asile d'Aliénés
COLOMBO
0   1 Km.
A
VERS MOUNT LAVINIA & GALLE
B
V. YATIYANTOTA
C
OCEAN   INDIEN

1. Colombo.

Port. Un phare visible à 18 m. en mer signale la rade de Colombo.

DÉBARCADÈRE. Les *vapeurs* mouillent à 1/4 de mille env. de terre. Les embarcations à rames prennent 35 cents par pers. pour les conduire à la terre, à la jetée, ou d'un paquebot à l'autre dans la rade; la nuit (de 19 h. à 6 h.), 55 c. Pour les enfants de 2 à 10 ans, moitié tarif. — Prix en *Motor Launches*, 50 c.; la nuit, 75 c.

Les *bagages* payent 15, 20 ou 25 cents selon leur dimension; les colis portés à la main ne sont pas taxés.

La *douane* est ouverte pour les gros bagages de 7 h. 30 à 20 h.; pendant la nuit, les passagers ne peuvent passer qu'avec un seul bagage à main; les autres colis seront retenus pour être visités le lendemain. — On paie des droits d'entrée élevés pour les armes, munitions, vins, alcools et liqueurs, cigares, cigarettes (au-dessus de 100), tabac (au-dessus d'une livre), pianos, voitures, autos, motos, side-cars.

L'*heure* locale est en avance de 5 h. 30 sur celle de France.

Un *changeur* patenté se tient au débarcadère. L'unité monétaire est la Roupie; sa valeur *or* est de 1 fr. 66.

GARE principale est *Maradana Junction* (à 3 k. du débarcadère); — mais proche de la Cité, *Fort Station* (à 800 mèt.).

Poste.
Pour Ceylan et pour les Indes, lettre, 6 cents; carte postale, 3 c.;
Pour l'étranger, lettre, 20 c.; carte postale, 10 c.; recommandation, 20 c.

Télégraphe.
Pour Ceylan, dix mots, 40 c.; par deux mots en plus, 5 c.
Pour les Indes, douze mots, 1 R.; chaque mot en plus, 10 c.
Pour l'Europe, le mot 1 R. 35.

Colombo est la capitale de Ceylan, la résidence d'hiver du gouverneur anglais, la principale place de commerce de l'île. La ville est située sur la côte O. par 6° 57' de latitude N. et par 79° 50' E. de G.

Vers Indoch. 4.

Sa population (300.000 âmes) se compose surtout de Si
ghalais et de Tamouls, puis de Maures, de Malais, de Parsi
de Boers et d'Européens.

Son *port*, défendu de la mousson du S.-O. par des digue
dont l'une a 1.600 mèt. de long., fut créé de 1875 à 85 et couvr
202 hect. Il est pourvu d'importants dépôts de charbon et d
pétrole pour ravitailler les nombreux paquebots et vapeur
qui fréquentent les routes d'Extrême-Orient et d'Australie
L'escale est à 5.011 milles m. de Marseille et à 6.703 m. d
Londres par Gibraltar.

L'ancien nom du site est *Kalambu*, que les Portugais modifièrent en *Co
lombo*, en l'honneur de Christophe Colomb. La place singhalaise fut occupé
par les Portugais en 1517, par les Hollandais en 1656 et par les Anglais 1
15 février 1796.

Colombo comprend la cité européenne, élevée sur l'emplacement de l'ancien **Fort** hollandais, et la « ville noire » appelée
Pettah, Dans la petite banlieue, les quartiers de *Maradana*,
de *Slave Island;* celui de *Colpitty* (Kollapitya), avec ses Bungalows disséminés sous les cocotiers, entourés de jardins.

Emploi du temps

La visite de Colombo peut être divisée en deux itinéraires, séparés par une
flânerie dans les magasins du Fort.

1º Le *Fort* et *Pettah;* 2º le *Museum* et *Galle Face.* Aux environs : *Mount.
Lavinia* et le Temple de *Kelani.* — Prendre garde aux insolations; ouvrir son
ombrelle.

A. — En débarquant sur le quai du *Fort*, on a devant soi
York Street, avec ses Buildings à arcades, ses Hôtels, parmi les
plus agréables de l'Asie, ses magasins de joaillerie et de curiosités; — à dr. et parallèlement, *Queen Street*, avec la résidence
du Gouverneur, les Postes et télégraphes, les Bureaux officiels, la Bibliothèque publique.

Au S., face à la mer. s'étend la longue promenade de *Galle
Face.* A l'E., c'est PETTAH et ses faubourgs qui s'échelonnent
jusqu'à la rivière de Kelani (5 k.; tramway).

Pettah est une vaste agglomération d'habitations basses,
de cases, de boutiques, encadrée d'une puissante végétation
t opicale, habitée par des Singhalais vêtus d'indienne de
teintes bigarrées, des Malabars coiffés d'un foulard noir, des
Malais au jupon brun à ramages, des métis portugais, tous
professant des religions fort différentes, bouddhiste, çivaïte,
mahométane, chrétienne. Cette « ville noire » est située entre
la mer et de grands étangs d'eau douce; une vaste esplanade

la sépare du quartier anglais. Les habitations sont généralement sans architecture, les temples eux-mêmes présentent peu d'intérêt, mais on y va pour jouir des scènes de la rue, où circulent tant de peuples divers.

« Si vous voulez vous donner le spectacle le plus pittoresque, prenez démocratiquement, devant l'hôtel Bristol, le tramway électrique qui va jusqu'à Kélani. Une banquette réservée aux Européens vous permettra de voir mieux qu'en voiture.

Pendant une bonne demi-heure, vous roulerez dans une rue étroite bordée de boutiques indigènes. Les files des voitures de maraîchers que les coups de timbre du watmann ne font se ranger que lentement, arrêteront souvent le tramway pour le plus grand plaisir de vos yeux. Vous surprendrez la vie indigène dans toute son intimité. Vous ne verrez pas un Européen. Les voitures de maraîchers sont des chars voûtés de palmes, attelés des petits bœufs d'ici, jaunes ou noirs, si bizarres avec leur bosse, la corde qui leur pince le nez et les perles bleues dont leur front est orné.

Le tramway se fraye avec peine un passage dans cette foule d'hommes presque nus, presque tous admirables de formes, de proportions. La peau bronzée donne une impression de santé, impression accentuée par un sourire perpétuel qui, malheureusement, s'ouvre trop souvent sur des bouches ensanglantées par la chique de bétel. Les enfants sont tout nus, ou si peu s'en faut que ce n'est pas la peine d'en parler.

Quant aux femmes... Ma foi, les femmes, il est heureux qu'on en rencontre peu : la plupart sont laides; leurs seins trop abondants et flasques sont enfermés dans de simples cache-corsets, blancs, de fabrication européenne, bien entendu; quelques-unes ont conservé le costume ancien, qui consiste à s'entourer le corps d'un grand morceau d'étoffe serré aux reins, mais elles sont une exception, et nous en avons vu une avec un chapeau — et quel chapeau ! — et une montre d'argent épinglée au corsage.

On en rencontre, je le répète, fort peu, et elles disparaissent dans cette foule bariolée violemment, au milieu de ces nombreux porteurs chargés des choses les plus belles et les plus étonnantes : de longues cannes à sucre, des vases de cuivre, des bidons de pétrole, mais aussi de longues palmes vertes dans des paniers, et sur les plateaux suspendus à chaque bout d'une longue perche, oscillant à chaque pas, des fruits inconnus, des choses qui se mangent sans doute, mais dont nous n'avons pas encore mangé.

C'est un grouillement abondant, serré, continu, tout le long de cette rue, si longue et si droite, et si étroite aussi. Dans les boutiques, tous les corps de métier, des scieurs de long, des menuisiers, des tresseurs de paniers et beaucoup de marchands, avec beaucoup de petites choses enfermées dans les casiers de leurs boutiques. Sur des trottoirs larges comme un ruban, des enfants grouillent, et à côté des pastèques, des noix de coco, des mangues et des poissons salés, un homme assis, très grave, cherche et tue les poux d'un autre qui se laisse faire avec béatitude.

Pas de cris, si ce n'est pour exciter les animaux attelés qu'on fait seulement semblant de frapper avec une baguette, si mince d'ailleurs et si courte, que le plus méchant n'en saurait faire un instrument de cruauté.

A l'extrémité de la ligne de tramways, un enchantement nouveau vous attend. Subitement, c'est le fleuve, un grand fleuve, qu'on devine profond aux remous de son courant rapide.

Et sur le fleuve, si vous suivez un peu sa rive, à g., c'est toute l'Asie fluviale qui vous sera révélée. Voici, pressés les uns contre les autres, de grands sam-

pans, c'est-à-dire d'énormes barques couvertes d'un treillis de feuilles
palmier. Dans chacune d'elles, toute une famille, deux peut-être.

La route est moins bonne, elle est défoncée, les attelages peinent, des homm
se mettent aux roues, d'autres ramènent un bœuf qui s'écarte; les charreti
crient, on s'excite, les roues grincent; l'encombrement se dégage, puis
reforme, pendant que des pêcheurs nombreux et peu heureux pêchent à
ligne avec une gaule qu'ils viennent de couper sur le rivage; pendant aussi q
des mariniers à demi entrés dans l'eau se versent gravement des douches s
la tête, ou nagent tout près du bord. Ajoutez à cela des passants et des passan
des enfants et des enfants, et de la chair nue, brillante, jeune, ferme, en form
élégantes et fines...

Et partout, entre l'eau et le ciel, des bananiers, des cocotiers, des arbres
cacao, et d'autres avec de grosses fleurs, enfin des arbres que nous n'avio
encore vus que sur des images » (*Brieux*, 1923).

C'est aussi la route du vieux temple bouddhiste de Kélani.

MAHAVIHARA, le « Grand Temple » de Kélani (Kalyâni).

On traverse Pettah, puis la rivière de Kélani (6 m. de Colombo, 2 h. 30 al
et ret. en *voiture*, 5 à 6 R. non compris le péage; — *ch. de fer*, 5 m., 8 tra·
par j.).

La rivière de Kélani tient son renom de sainteté d'une prétendue visite d
Bouddha.

Le Grand temple bouddhiste serait sur l'emplacemen
d'un sanctuaire élevé vers le mi-IIIe s. avant J.-C. Les édifice
furent construits de 1240 à 1267 AD et relevés en 1301. D
grandes fêtes religieuses ont lieu au moment de la pleine lun
de mai et durent 4 jours.

De nombreuses missions religieuses y sont venues de tout temps en pèleri
nage.

En 1423, huit moines du Cambodge, vingt-cinq de Xg. Mai, et six du Pé
se rendirent à Ceylan pour y acquérir une complète connaissance de la religio
bouddhique afin de la répandre dans leur pays.

« Quand ils eurent appris l'écriture de Lañkâ ainsi que la bonne manière d
réciter et de chanter les textes, désireux d'atteindre au bien suprême, ils deman
dèrent l'ordination. En 1424, le samedi..., au moment de la conjonction d
la lune avec le naksatra Jettha, ils montèrent sur un radeau que le roi de Sîhal
avait fait amarrer au Yâpâpatana, à Kalyâni, et reçurent l'ordination devant
chapitre comprenant vingt membres... Lorsqu'ils eurent été ordonnés, il
allèrent en pèlerinage voir la Dent-relique (à Kandy), l'empreinte du pied d
Bouddha sur le Sumanakuta, et les seize grands lieux saints, puis ils priren
congé... et s'en retournèrent (dans leur pays). En partant, ils demandèrent
emporter une relique du Bouddha comme objet d'adoration. » (Cœdès).

Un *Dâgoba* protège une relique bouddhique, et un arbre *B*
rappelle l'arbre sacré sous lequel le Bouddha quitta ce monde.
Dans le *temple*, des représentations du Bouddha et de ses
disciples; une grande statue du Bouddha (couché) parvenu
au Nirvâna; des statuettes du Maître, en or et en pierres précieuses; des inscriptions sur des feuilles de palmier-talipot;
une réplique de la relique de « la dent » conservée à Kandy,
posée sur une feuille de lotus; une image « du pied sacré », *Srî
Pada*, du Pic d'Adam.
Dans un petit *temple*, des dieux du panthéon brâhmanique ı
Çiva, Vishnu, Ganesça (à tête d'éléphant).

On remettra une offrande aux moines Hinayanistes drapés de leur robe jaune.

B. — Au S. de Pettah s'étend le *Lac d'eau douce*, en communication avec la rivière de Kélani, divisé par une langue de terre, *Slave Island*.

La route de *Maradana* contourne le lac à l'E. *Maradana Junction*, gare terminus de Colombo.

Sur la g., un grand *dâgoba*, puis le *Réservoir de Maligakanda* (40 mèt. de long) qui reçoit l'eau de source de Labugama (à 25 k.). De cet édifice, on a une vue étendue sur la ville, dont il ne surgit de la végétation que les tours et les clochers; au loin, par temps clair, on distingue le Pic d'Adam.

Au S. du Lac (Freshwater Lake), le quartier des *Cinnamon Gardens*, « Jardins des Canneliers », et le charmant *Parc Victoria*, avec son *Musée*, construit en 1877 (ouvert de 10 à 18 h. et le dimanche de 15 à 18 h.).

Le Musée renferme : au rez-de-chaussée des collections d'*archéologie* et d'*ethnographie;* au premier étage, celles d'*histoire naturelle* (minéralogie et géologie; zoologie). *Bibliothèque* (ouverte de 7 à 10 et de 15 à 17 h.), 15.000 ouvrages et manuscrits.

Galerie des Sculptures : vestiges et motifs provenant des ruines d'Anurâdhapura, de Polonnâruva : Un lion énorme, de Polonnâruva, servait de trône; une fenêtre de Japahu; un moulage de la statue de Parâkrama Bâhu.

Galerie des Bronzes : représentations hindouistes, bouddhiques, objets usuels, images d'animaux.

Des copies de fresques de Sigiriya.

Dans le jardin, des pierres de lune, une image du Srî Pada.

Continuer le tour par *Polvatta* et la promenade de *Galle Face* (Hôt. et Clubs).

Mount Lavinia.

Ch. de fer : de la station du Fort, 8 m., trajet en 30 min., prix 54 et 36 cents; 20 trains par j., mais 4 le dimanche.

Voiture : trajet en 1 h. 10; prix, 10 R. all. et ret. pour trois voyageurs.

La route se tient à proximité de la côte et de sa mer bleue, et traverse une flore riche et variée : cocotiers, banians, aréquiers, bambous.

Les stations de *Kollapitiya*, de *Bambalapitiya*, de *Wellavatta.* — 7 m., *Dehivala;* dâgoba et *temple* bouddhiste (offrande, 1 R.).

8 m., Mount Lavinia. Hôt. et villas. Station balnéaire sur la ligne de *Galle* (Hôt.) et de Matara.

Mount Lavinia est une agréable plage de sable rouge fréquentée par les Anglais de Ceylan et des Indes du Sud. L'Hôtel, ancienne résidence du gouverneur E. Barnes, est élevé sur un rocher faisant saillie sur le rivage.

2. Colombo à Kandy.

Ligne du centre.

La voie ferrée fut construite de 1855 à 1860. — 74 m. 1/2. Prix, 6 R. et 4 R. (2e cl.); 79 cents pour le boy; aller et ret., 9 R. et 6 R., valable 17 jours (billets Cook, 2 mois). Au dép. de *Maradana J.*, gare terminus de Colombo, trajet en 3 h. 45 et 5 h. Six trains par j.; quatre le dim. Certains vont directement à Kandy; d'autres continuent sur Badulla; dans ce dernier cas, descendre à Peradeniya J., où la correspondance attend.
R.-H. Resthouse.

Le passager, ne disposant que d'une journée à passer à terre, prendra à Maradana J. le direct vers 7 h. 25 (au Fort, avant 7 h.); wagon-restaurant (déj., 2 R., vers 9 h. 30); arr. à Kandy vers 11 h. 10; retour, Kandy, dép. vers 13 h. 50 et 17 h. 28 (se renseigner), ou bien du Jardin botanique de Peradeniya; wagon-rest. (lunch, vers 14 h. 30; dîner, vers 19 h. 30; pr. 2 R.; thé, 25 c.), arr. à Colombo (Fort), vers 17 h. 35 et 22 h. 10. — Excursion recommandée.

Colombo, gare de *Maradana*-Junction, croisement des lignes de Matara, du Centre et du Nord.

3 m. 14, *Kelaniya*, connu par son temple bouddhiste. — La voie traverse un pays bien cultivé, curieux par sa belle végétation tropicale. — 5 m., *Hunupitiya.*

9 m., *Ragama*. Embranch. vers le N. sur Chilaw (50 m.) et Puttalam. — *Mahara*, carrière de pierre.

16 m. 50, *Henaratgoda*, à 11 mèt. d'alt. *R.-H.* 5.000 hab.

A 1 m. N.-O. (20 min.), le *Jardin botanique*, créé en 1876, pour l'acclimatement des cultures tropicales étrangères : caoutchoutier du Para (hévéas), gutta-percha de Malaisie, caféier de Libéria et d'Arabie, cacaoyer de la Trinité, etc. Dans la région, de nombreuses plantations de cacaoyers.

22 m. 54, *Veyangoda*, à 18 mèt. d'alt., le premier arrêt de certains express. *R.-H.* — Dans la campagne, de nombreux cocotiers.

27 m. 54, *Miragama*, à 50 mèt. d'alt. *R.-H.*

34 m. 45, *Ambepussa*, 55 mèt. d'alt. Le pays est marécageux, fiévreux (moustiques).

40 m. 24, *Alauva.*

45 m. 34, *Polgahavela*, à 73 mèt. d'alt. *R.-H.*

Embranch. de la ligne du N. sur Anurâdhapura et du train Indo-ceylanais Colombo-Madura, par le ferry-boat de Talaimannar à Dhanushkodi.

Dans le voisinage, des plantations de cacaoyers.

A 10 m. S.-E., *Kegella*, petite ville de 4.000 hab. à 200 mèt. d'alt., dans une jolie situation. *R.-H.* Service régulier de voitures (2 R.) et d'autos.

52 m., *Rambukkana*, à 95 mèt. d'alt. *R.-H.* Les trains reçoivent le renfort d'une seconde locomotive.

La voie s'élève rapidement en serpentant sur le flanc de hauteurs abruptes, perce 10 tunnels et développe son parcours sur 13 m. pour gravir 423 mèt. Les cascatelles se font entendre. Au-dessous, se dessine la jolie vallée de Dekanda, avec sa belle végétation d'où s'élance le palmier-talipot. Le panorama s'étend ou se referme selon le relief montagneux dominé bientôt par la masse granitique du mont d'*Allagalla* (1.034 mèt.).

65 m., *Kadugannava*, sur un col, à 518 mèt. d'alt. Agréable sensation d'une fraîcheur relative. Au-dessus de la station, le sommet de *Belungala*, ou Watcher's Rock; plantations de thé.

Sur la route, une colonne, érigée en 1832, rappelle la mémoire du cap. Dawson, qui établit la première voie de communication carrossable.

70 m., *Peradeniya*-Jonction, à 473 mèt. d'alt. Embranch. des lignes : 1° de Nuwara-Eliya Bandaravella, 2° de Kandy Matalé.

71 m. *Peradeniya*. A 10 min. *R.-H.*, au Race Course et à l'entrée du célèbre *Jardin botanique*.

De Peradeniya à *Kandy*, 4 m. (6 k. 1/2, autos et voitures), par une route bordée de nombreux cottages, aux jardins abondamment fleuris de plantes tropicales, de caféiers, de cacaoyers, de ficus.

Le Jardin botanique de Peradeniya est, avec celui de Buitenzorg (Java), l'un des plus remarquables musées de merveilles végétales. (Entrée libre. Inscrire son nom au bureau).

Le site était un domaine royal des souverains de Kandy, et l'ordonnancement du jardin fut décidé en 1819. Il occupe 60 hect. dans une boucle étroite du Mahâ veli Ganga, à 479 mèt. d'alt. Son exposition parfaite convient à l'acclimatement de la végétation tropicale, palmiers, bambous, pandanus, épiphytes (aroïdées, orchidées, fougères), lianes.

Près de l'entrée, un groupe de *Ficus elastica* d'Assam, aux racines rampantes, planté vers 1832.

Le parc a plus d'un kilom. de long. Le trajet recommandé est de prendre sur la dr. et de faire le tour par l'amont; cependant, parfois, on coupe court pour gagner le Rond-Point (Great Circle).

Dans le jardin, dès l'entrée, se dresse un bouquet de *Palmiers*, remarquables par leur élégance, leur hauteur et leur variété (50 à 60 espèces; aréquiers, dattiers, etc.).

A dr., par la Liana Drive, on passe devant le Bassin (Tank) où surnagent des feuilles de Papyrus, de Lotus; le Jardin des Fleurs, le parterre des Orchidées.

En remontant la rivière, les pépinières (Nurseries), l'Allée des Palmyras (Borassus flabellifer), plantée vers 1892, plus loin les champs de cacaoyers, caféiers, cardamones, bananiers, vanilliers, puis l'allée des Oreodoxa, originaires du Brésil, enfin celle des Bambous géants. — Sur la rive opposée, les *champs d'essais*, où l'on acclimate les nouvelles plantes, où se font les semis dont les produits seront cédés aux horticulteurs ou aux planteurs.

En se dirigeant vers le *Great Circle*, le mémorial de *Thwaites* (directeur du jardin de 1849 à 1880). Au delà, le Laboratoire, l'Herbarium, la Bibliothèque, le Musée d'Entomologie (Insectes), le Musée de Botanique économique.

Le mémorial du directeur *Gardner* (1844 à 49), et, plus en amont, l'avenue des Talipots géants (Corypha umbraculifera).

Dans ce jardin si riche, on remarquera le cocotier à noix double des Seychelles, des arbustes à thé, des kolatiers, une vaste collection de conifères.

Un peu avant la capitale, on distingue nettement dans le S. le pic d'Adam.

74 m. 1/2, *Kandy.*

3. Kandy.

Kandy est à 505 mèt. d'alt. dans un site agréable, au fond d'un cirque, sur les bords d'un lac en miniature. C'est l'ancienne capitale du dernier royaume singhalais, le chef-lieu de la « Central Province », la résidence d'été du gouverneur anglais de Ceylan. 33.000 hab

GARE, à 1 k. du lac. Service automobile des hôtels.

SÉJOUR, 1 ou 2 journées : 1ᵉʳ j., le matin, promenade du lac, le « Temple de la Dent » et les édifices voisins; l'après-midi, la promenade en voiture de Lady Horton's Walk. Le 2⁰ j., le jardin botanique de Peradeniya. — En été, vers juin-juillet, ont lieu les fêtes de Perahera; processions de la statue bràhmanique de Vishnu, de copies de la relique du Bouddha, des éléphants, suivies de danses et de jeux.

La nappe d'eau, joliment entourée de pelouses, de palmiers se mirant sur l'onde, de pentes vertes et de lointains sommets, est un lac sacré et un vivier de tortues, précieux talismans. Cette nappe fut aménagée de 1810 à 1812 par le dernier souverain. Son étendue est de 1.100 mèt. sur 300.

Une route, comme une allée de parc, en fait le tour et dessert les diverses résidences anglaises et singhalaises. La promenade du Tour du lac demande une heure à pied. Au milieu de l'eau, un bouquet d'aréquiers surgit d'un îlot.

Sur la rive N., Queen's Hôtel, puis l'*Esplanade*.

Au bord du lac, *Pattirippuwa*, ou Pavillon **Octogone**, fut élevé avant 1810 par Siri Vikrama-Raja-Simha, le dernier roi de Kandy, sur l'emplacement d'un temple plus ancien.

C'est l'*Oriental Library*, où sont conservées les saintes écritures bouddhistes, en pâli, sanskrit et dans de belles reliures rehaussées d'or et d'argent. Des textes sont gravés à la pointe sèche sur des olles, ou feuilles de palmier-talipot, séchées, découpées en bandes minces, ou bien sur des écorces de bambous (1 R.).

Vis-à-vis, le **Dalada Maligava**, « Temple (de la relique) de la Dent, » se compose de bâtiments irréguliers; c'est le lieu saint du monde bouddhiste hina-yaniste.

Le sanctuaire est petit, irrégulier, d'une obscurité voulue; les murs sont décorés de fresques.

La relique corporelle du Bouddha est conservée dans la salle supérieure, à laquelle on accède par un escalier étroit (Le visiteur verse 1 R. et est accompagné par un bikkhu, ou bonze).

La salle est fermée par une porte plaquée d'argent et d'ivoire. A l'intérieur, la relique repose sur une table ou autel, dans une châsse (karandava) en vermeil défendue par une armature en fer. Ce *karandava* contient six autres *karandhu*, « coffrets » en or pur, sertis de rubis, d'émeraudes, de perles, fermés chacun par trois serrures.

Dans le dernier, la précieuse relique repose sur une feuille de lotus en or et n'est que très rarement exposée.

Cette fameuse *dalada*, « dent », a une histoire mouvementée, et sa genèse est rappelée dans le *Mahâvamsa*.

Après le Parinirvâna du Bouddha, la tradition rapporte qu'il y eut partage de ses reliques. L'une des dents du Maître passa au royaume de Kalinga, où à Dantapura (Paloura), sa capitale, elle fut l'objet d'un culte (IIe s. avant J.-C.). Au début du IVe s. de notre ère, l'Inde du N. traversa une période de réaction contre le Bouddhisme. Guhasîva, roi de Kalinga, pour sauver la dalada d'une profanation, la confia à son gendre, Dantakumâra d'Ujjayinî, qui la transporta à Tâmralipti, le port du Gange. C'est là qu'elle fut embarquée à destination de Ceylan (vers 305 AD.) où elle fut accueillie pieusement (Sylvain Lévi, 1925).

A cette époque, le roi insulaire Kitti-siri-megha éleva dans sa capitale, Anurâdhapura, un sanctuaire pour recevoir la précieuse dalada, puis cette relique suivit la cour singhalaise dans ses diverses résidences. Les Malabars s'en saisirent au début du XIVe s. et l'emportèrent sur le continent, mais Parakrama Bahu III, vainqueur, la rapporta à Ceylan. Vers 1560, les Portugais, s'étant emparés de Kandy, pillèrent les palais et les temples. La dalada fut envoyée à Goa, où l'archevêque la fit calciner et broyer en présence du vice-roi, puis il en fit jeter la poussière au vent de la mer. Pour certains Bouddhistes, les Portugais ne s'emparèrent que d'une relique secondaire, l'une de celles qu'on sort dans les processions; pour d'autres, le roi indigène Vikrama Bahu IV la fit ressusciter en 1566. On dit que cette dalada serait un morceau d'ivoire décoloré de deux pouces de longueur qui ressemblerait, d'après les uns, à une dent de crocodile, d'après les autres, à celle d'un bœuf.

Le *Magul Madhuva*, où siège la Cour de Justice, date de 1783.

Le *Mahâ Vasala*, ancien **Palais royal**, édifié en 1600.

Le *Musée* (ouv. de 10 h. à 16 h. 30).

A l'opposé de la place, les sanctuaires (*Dévalé*) brâhmaniques de *Natha* (Çiva) et *Skanda;* de *Pattini;* de *Vishnu*.

L'église *St-Paul*, élevée en 1853.

Plus au N., le *Pavillon du Roi* ou *Jalatilaka Mandapaya*. L'Hôtel de ville. La cathédrale catholique, *St-Anthony*, des Jésuites (belges et allemands).

PROMENADES. *Victoria Drive*, autour du lac. Au retour, *Malvatta Vihara*, couvent bouddhiste, après l'Hôtel Suisse.

En dehors de la cité, les voitures paient un droit de *péage* sur les routes.

Lady Horton's Walk et Drive prend à l'E. du parc du Pavillon du Roi et gravit la hauteur de Muttna Park. A l'E., beau point de vue.

Lady Anderson's Road, par la route de Badulla. On franchit les hauteurs, d'où l'on a une jolie vue, puis on descend vers la vallée du Mahâveli Ganga, dont le cours de 216 k. débouche dans la baie de Trincomale.

Le *kraal des Éléphants*, à 3 k. N., sur les bords du Mahâveli Ganga (1 h. 30 all. et ret. en rikshaw; 1 R. 50).

Dans quelques districts de la région de Kandy, la *polyandrie* s'est maintenue, mais les hommes en état de mariage polyandrique sont invariablement frères de naissance et l'aîné est chef de communauté.

Dans l'E., à mi-route de Batticaloa, quelques campements de *Vedda*.

4. Colombo à Nuwara Eliya.

134 m. 51. Prix, 13 R. 16 et 8 R. 82; 1 R. 46 pour le boy. Trois trains par jour; deux le dimanche. Trajet en 10 h. — A 128 m. 6, Nanu-Oya, on prend la ligne de Ragalla, à voie étroite, pour Nuwara Eliya.

De Kandy à Nuwara Eliya, changer de train à Peradeniya J.

Pour l'ascension du Pic d'Adam, descendre à Hatton.

De *Colombo* à *Peradeniya*-Jonction, embranchement pour Kandy, v. R. 2.

78 m. 26, *Gampola*, R.-H., fut un moment une résidence royale. Plantations de théiers, de caféiers.

82 m. 75, *Utapane*.

87 m. 29, *Navalapitiya*, à 583 mèt. d'alt. R.-H. — Route de Talavakele.

La voie passe sur un pont de 50 mèt.; 2 tunnels. Vue sur la vallée de Kélani.

94 m. 38, *Galboda*, à 787 mèt. d'alt., dans une région de la culture du théier.

100 m. 13, *Valavala*, à 987 mèt. — 103 m. 63, *Bozelle*. — Le pic d'Adam se dresse comme une pyramide dans le S.-O.

108 m. 11, *Hatton*, Hôt., à 1.262 mèt. d'alt., 1.500 hab. Transit des thés des districts de Dikoya, de Bogavantalava et de Maskeliya ou du Pic d'Adam (culture ayant remplacé celle du café).

PIC D'ADAM

De Hatton, on se rend facilement à *Laxapana* (14 m.), au pied de la montagne, par une bonne route. Organiser l'expédition avec le concours de l'Hôtel. Faire l'ascension avec la pleine lune et atteindre le sommet avant le lever du soleil pour jouir du merveilleux effet lumineux.

La route traverse une région cultivée et d'immenses étendues plantées de théiers. *Laxapana*, à 1.250 mèt. d'alt. Hôt.

L'ascension dure env. 4 h.; pendant la première moitié du trajet, le chemin est facile et perce la belle jungle tropicale avec ses palmiers, bananiers, bambous; puis, la montagne est plus escarpée, et l'escalade, facilitée par des chaînes, doit être entreprise par des personnes rebelles au vertige. On atteint la végétation des hautes altitudes, les myrtes, les lauriers, les rhododendrons géants.

« En pleine forêt, au milieu d'une allée charmante et toujours verte, nous avons rencontré une troupe de pèlerins, composée d'environ trente Tamouls ou Malabars noirs, gens à moitié sauvages, de cette intéressante race dravidienne à laquelle appartiennent probablement les premiers habitants de l'Inde. Le pèlerins se rangèrent, pour nous laisser passer, sur un des côtés de l'étroit et raide sentier, et nous pûmes ainsi admirer de tout près la beauté de leurs corps maigres et pourtant vigoureux; d'autant mieux que le costume de la plupart se réduisait à un turban blanc sur la tête et à un pagne rouge autour des reins. Tous les âges étaient représentés dans la troupe, depuis le jeune garçon et la fillette gracieuse jusqu'au vieillard tremblant et à la matrone aux traits flétris; plusieurs des femmes, dans la force de l'âge, avaient à la mamelle un nourrisson, ou à cheval sur leur dos un enfant d'un an. En effet, chez ces Tamouls qui appartiennent à la foi brâhmanique, comme chez les Singhalais bouddhistes, l'on considère comme très méritoire et très agréable à Dieu d'accomplir dès l'âge le plus tendre le pèlerinage à la sainte montagne; les pieux pèlerins croient s'assurer par là, non seulement une bonne santé et une longue vie, mais une protection contre les mauvais esprits et le pardon de leurs péchés.

« Un intéressant spectacle d'un autre genre nous surprit un quart d'heure plus tard, lorsque, après avoir traversé un ruisseau, séduits par la beauté de quelques balsamines, nous fîmes un petit détour le long du cours d'eau. A un tournant, nous nous trouvâmes soudainement en face d'un bassin ravissant entouré de hautes forêts et fantastiquement orné de guirlandes hardies. Une troupe de grands singes gris des montagnes (*Presbytis Ursinus*), dont nous avions déjà entendu les voix perçantes un instant auparavant et qui s'y livrait à ses ébats, fut si effrayée de notre arrivée inattendue qu'elle s'enfuit en toute hâte du côté opposé. Ces adroits acrobates se servaient des lianes tombantes comme de cordes de gymnastique et passaient d'arbre en arbre avec une agilité merveilleuse.

« Un peu plus tard, après être sortis du fourré ombreux, nous nous trouvâmes en face d'une haute muraille de rochers, vers le haut de laquelle conduisait un long escalier avec des degrés taillés : au-dessus, nous apercevions sur une sorte de plate-forme beaucoup d'*ambalam* ou d'auberges de pèlerins. Nous avions déjà passé devant plusieurs de ces auberges. Mais ce groupe était plus considérable et constituait la dernière grande station sur le versant nord du pic. Beaucoup de pèlerins sont si fatigués des efforts qu'il leur a fallu pour gravir le sentier raide et pierreux, qu'ils s'arrêtent à cet endroit pour passer la nuit. Pourtant, il n'y a de là jusqu'au sommet qu'une grande heure de marche, à la vérité très pénible. D'autres n'y séjournent que quelques heures et se restaurent avec ce qu'on y vend, des fruits ou bien du curry et du riz, qu'ils font cuire eux-mêmes sur un feu en plein air; un feu de ce genre flambait précisément sous de grands arbres, au-dessus de la muraille de rochers; une troupe de Singhalais au teint basané était groupée tout autour dans des attitudes pittoresques.

« Après un court repos dans cet *ambalam*, nous partîmes, rafraîchis par le jus savoureux de quelques bananes, pour accomplir la dernière et la plus rude étape de notre pèlerinage. Là, en effet, commence la partie la plus fameuse et la plus redoutée, l'ascension de la pyramide. Sur une vaste étendue, des marches d'escaliers sont taillées dans le rocher nu, raide et souvent à pic. A côté se trouvent de solides chaînes de fer, auxquelles il faut se tenir fortement quand on monte. Plusieurs de ces chaînes, offrandes de pieux pèlerins, sont vieilles d'au moins mille ans; seulement on remplace de temps à autre les anneaux rongés par la rouille. De gros piquets de fer, bien enfoncés dans le rocher de gneiss, soutiennent de distance en distance ces chaînes qui oscillent et se choquent bruyamment contre le rocher.

« Pour les ascensionistes sujets au vertige, ce sentier, malgré ces chaînes, n'est pas une route commode. Nous n'en devons admirer que davantage l'adresse de la noire femme tamoule, qui, déjà chargée de ses enfants et de son nourrisson, se pose de plus sur la tête un panier de vivres, qu'elle balance en avant et en arrière, et qui se soutient seulement avec les orteils mobiles de ses pieds nus comme si elle avait quatre mains. Bien que cette échelle, comme celle du paradis, soit difficile à gravir et paraisse très dangereuse, elle ne l'est toutefois qu'à un petit nombre d'endroits. En effet, si l'on glisse sur les marches polies, ou si on laisse échapper la chaîne de ses mains, ce qui n'est pas rare, l'on ne tombe pas dans un profond précipice, mais sur un lit de verdure fort doux, où l'on risque tout au plus de se heurter désagréablement à quelques branches proéminentes.

« Enfin, cette dernière épreuve fut heureusement surmontée. Après avoir gravi le dernier escalier garni de chaînes, nous pûmes voir, immédiatement audessus de nos têtes, la pointe nue et rocheuse de la montagne miraculeuse, et sur ce sommet le célèbre temple du Bouddha, but final de notre fatigant pèlerinage. Encore quelques degrés raides, et nous nous trouvâmes à l'entrée du sanctuaire vénéré. Nous y fûmes accueillis avec empressement par les vieux prêtres bouddhistes à barbe blanche, qui veillent à la garde de ce sanctuaire et reçoivent en échange les offrandes des pèlerins. Ils ne restent sur ces hauteurs que pendant quatre à cinq mois, depuis janvier jusqu'en avril ou en mai. Le reste de l'année, le Samanala est inabordable à cause de l'abondance et de la continuité des pluies.

« Lorsque le Bouddha descendit sur la terre au sein d'une effroyable tempête, c'est sur l'île verdoyante qu'il prit pied, parmi le tonnerre et les éclairs, et il mit en fuite la troupe farouche des mauvais esprits, qui jusque-là avaient régné sur *Lanka Dîpa*, l'île sacrée, et il établit son séjour dans ce paradis terrestre. C'est là qu'il proclama son évangile du *Nirvâna*, et qu'il enseigna aux hommes à chercher le bonheur dans le renoncement, à vivre sans désir pour mourir sans crainte. En remontant au ciel, le Bouddha laissa, comme souvenir de son passage, non seulement une poignée de cheveux, mais aussi, à la prière spéciale du roi, l'empreinte de son pied. Cette empreinte sacrée, la miraculeuse *Srî Pada*, se trouve au point précis où le pied du Bouddha s'est, pour la dernière fois, appuyé sur la terre, à la pointe rocheuse la plus élevée du Samanala.

« Depuis ce temps et par conséquent depuis peut-être plus de deux mille ans, cet endroit sanctifié est devenu un but de pèlerinage, vers lequel tout le monde bouddhiste accourt en foule de toutes les parties de l'Orient » (Ernst Hæckel).

Le Pic d'Adam se termine comme un pain de sucre à 2.241 mèt. d'alt., et c'est à son sommet étroit qu'est taillée sur le roc la sainte empreinte, *Srî Pada*, longue de 1 mèt. 62 et large de 74 à 79 centimètres, protégée par un petit sanctuaire.

L'ancien art bouddhique hindou avait l'habitude de ne représenter le Bouddha que par l'image de ses pieds. La plus célèbre de ces images était au Magadha (Inde); c'était celle qu'avait adorée Açoka (IIIe s. avant J.-C.), et le pèlerin Hiuan-tsang, revenu en Chine en 645, en parle longuement.

On n'est pas fixé sur l'époque de l'apparition de la sainte image du Pic d'Adam. Mais, les Singhalais ne pouvaient être les seuls à bénéficier de cette marque du Maître, et les autres souverains bouddhistes eurent chacun une empreinte : la Birmanie a son *Srî Pada* sur la montagne près de Saku (préf. de Minbu), le Siam sur celle du Phra Puttabat, le Cambodge sur le Phnom Santuk.

Ce Pic d'Adam est célèbre dans l'univers, et plusieurs religions ont voulu bénéficier de la renommée de cette relique. Les pèlerins bouddhistes y viennent contempler la présence du Bouddha, les brâhmanistes celle de Çiva, les musulmans celle de notre père Adam; on pourrait même ajouter que les Portugais de Goa pensèrent (XVIe s.) y voir un moment l'empreinte de saint Thomas, qui aurait prêché l'évangile aux Indes, mais la légende d'Adam a prévalu chez les Européens, et ce sommet a pris le nom du premier homme.

Les Chinois eux-mêmes ont envoyé des pèlerins à Ceylan, et un texte du XIIe s. dit : « Il y a une montagne appelée Si-louen-tie, au sommet de laquelle il y a une empreinte, longue de plus de sept pieds, du pied d'un géant. »

Après *Hatton*, le train disparaît dans un tunnel de 559 mèt. de long.

111 m. 25, *Kotagala*, à 1.230 mèt. d'alt., dessert la vallée et les plantations de théiers de Dimbula. — Belle *cascade* de *Saint-Clair*.

115 m. 59, *Talavakele*, R.-H., à 1.198 mèt. d'alt., sur la rivière Kotmale.

La voie monte, trace de grandes courbes et passe quelques tunnels.

120 m. 9, *Watagoda*, à 1.342 mèt. d'alt.

128 m. 6, *Nanu-Oya*, Buffet, à 1.613 mèt. d'alt.

Le train continue sa course sur *Bandaravela* (1.930 mèt. alt.), puis sur *Badulla* (638 mèt. alt.), R.-H.

Les voyageurs pour *Nuwara Eliya* descendent à Nanu-Oya. — Une route de terre de 4 m. 1/2 relie aussi ces deux centres.

134 m. 51, *Nuwara Eliya*.

NUWARA ELIYA

Nuwara Eliya, « le site lumineux », communément appelé *Nourelia*, est la station d'altitude (1.890 mèt.) de Ceylan et l'une des résidences d'été du gouverneur de l'île.

Vers Indoch. 5.

Ce centre étend ses villas sur plus d'un mille dans le N. d'une vaste prairie ondulée, dominée par le mont Piduru Talagala. Une végétation alpestre, des plantations d'eucalyptus, de quinquinas, de pins parasols, le paysage, .le climat de montagne, des sports bien organisés, transportent l'Européen dans quelque haute station fréquentée du Tyrol ou de l'Engadine.

Climat. Le voyageur passant en quelques heures de la température des tropiques à celle de pays humides et froids devra se vêtir en conséquence, car cette brusque transition peut causer de graves accidents. Se bien couvrir avant le coucher du soleil. Dans les appartements de grandes bûches de bois flambent toute l'année.

La moyenne annuelle de la température est de 15° C., et celle des pluies de 2.410 ᵐ⁄ₘ.

ENVIRONS

Promenades : *Single Tree Hill* (2 h. all. et ret.).

Mᵗ *Pedro*, ou mieux *Piduru Talagala* (2.538 mèt. alt.), la plus haute montagne de Ceylan; quelques bancs sur le chemin; vue étendue.

La montée est assez facile. Le sentier traverse d'abord des pâturages verts coupés de torrents, puis il entre sous bois, et bientôt la pente s'accentue; le terrain est souvent glissant. Deux heures d'ascension au milieu de pins, de rhododendrons, de fougères géantes, de rosiers sauvages. L'horizon est, comme au Pic d'Adam, trop vaste pour être beau.

Les *Réservoirs; — Tour du Lac* (6 m.).

Lady Horton, d'où, par temps clair, on aperçoit le Pic d'Adam.

The Lady's Waterfall, cascade.

Col de Rambodda (6 m.), par la route de Kandy.

Word's End, « le Bout du Monde »; vue magnifique.

Le *jardin botanique de Hakgala* est à 6 m. S.-E. sur la route de Badulla.

Ce jardin d'essai, créé en 1861, est situé à 1.650 mèt. d'alt. Panorama étendu sur le district d'Uva; on aperçoit le sanatorium de la marine de *Diyatalava*, où 5.000 prisonniers Boers furent internés pendant la guerre du Transvaal (1900-01).

On a rassemblé un grand choix de plantes des pays tempérés des deux mondes : camphriers, pins de Pékin, eucalyptus, acacias, cyprès de Californie, etc.

Les brâhmanistes assurent qu'une des scènes du Râmâyana se passa à Hakgala : Râvana y ayant fait enfermer Sîtâ, Hanumant la découvrit et lui remit l'anneau de Râma.

5. Kandy à Polonnâruva.

94 m. — Kandy à *Matalé*, 21 m. en 1 h. 20 par le ch. de fer (1 R. 44 et 96 cents); — de là, par motocar postal de Trincomali, à *Dambulla*, 28 m. 3/4 (Anurâdhapura est à 45 m. par route directe). Puis, à *Sigiriya* (11 m. 1/2) et ensuite à *Polonnâruva* (33 m. 1/2).

Service d'autocar postal sur *Anurâdhapura* (95 m.).

Kandy. Les rizières, la forêt, alternent avec les planta-, tions de thé, de cacao, les palmeraies.

Matale, R.-H., à 368 mèt. d'alt., ville de 6.000 hab.

A 2 k. N. et dominant la route, deux grottes converties en temples d'*Alut Vihâra* par le roi Valagam Bâhu (1ᵉʳ s. avant J.-C.) qui vint y chercher un refuge lors d'une invasion des Tamouls. Inscription pâli; fresques de cette époque; Bouddha dans le Nirvana (couché). C'est ici qu'en 1826 l'Anglais Turnour découvrit le *Mahâvamsa*, « la Grande Chronique », dont il commença la traduction.

Nalanda, R.-H.; ruines d'un temple.

Naula. Une route dessert *Elahera;* travaux anciens d'irrigation.

50 m., *Dambulla*, R.-H. Sur la g., un énorme rocher, creusé de 5 grottes, abrite le village (152 mèt. alt.).

Ces temples souterrains sont bien modestes en comparaison des célèbres grottes des Indes; ils ont cependant leur intérêt. Ces cavités ont servi d'asile au roi Valagam Bâhu vers l'an 85 avant J.-C. qui les consacra au Bouddha. Peintures murales. Ces sanctuaires furent restaurés en 1192 sur l'ordre du roi Kitti Siri Nissanka après les dégàts causés par une invasion Tamoule.

Deva Râja Vihâra fut sans doute primitivement une grotte affectée au brâhmanisme, puisqu'il en reste une statue de Vishnu, très vénérée du public. Le Bouddha dans le Nirvana.

Peintures religieuses ou historiques : Arrivée du prince Vijaya à Ceylan; prédication de Mahinda; combat célèbre du roi Duttha Gâmâni qui vainquit (164 avant J.-C.) le roi tamoul Elâla.

Mahâ Vihâra, « le Grand Monastère », a deux étages. Au rez-de-chaussée, un Bouddha assis.

Du sommet du rocher, on aperçoit à 7 m. au N.-E. le rocher de Sigiri.

56 m., *Inamaluva*, d'où à l'E. la route de Sigiri (5 m. 1/2).

Sigiriya, « le rocher du Lion », haut de 122 mèt., émerge de l'immense jungle tropicale; il fut au vᵉ s. A. D. le refuge de Kâçyapa, roi parricide.

Le roi Datu Sena avait comme fils Mogallana et Kâçyapa. Celui-ci s'empara du trône et fit emprisonner son père (479 AD.). Son frère Mogallana, réfugié sur le continent, reforma une troupe, put reprendre Anurâdhapura et encercler Sigirya. Kâçyapa, vaincu, fut tué après un règne de 18 ans.

A la base du roc, on a mis à nu les griffes d'un lion colossal en briques et stuc; un escalier couvert passe à travers la mâchoire et le corps du fauve et montait jadis jusqu'au sommet du rocher. Ainsi est pleinement justifiée l'explication que le Mahâvamsa donne du nom de *Siha-giri*, « la montagne du Lion ».

Vestiges du rempart de la ville basse. Deux réduits sur le plateau. Quelques fresques ornent une cavité près du sommet. On arrive au plateau par un escalier taillé dans le roc.

A 2 m., une autre grotte et quelques peintures.

Habarane, à 175 mèt. d'alt., près de réservoirs d'eau aménagés sous Mahâ Sena (275 à 302 A D.) et restaurés vers 1890.

Polonnâruva, sur les bords du lac de *Topaveva*. R.-H. Ce site fut la capitale du viiie à la mi-xiiie s. et succéda à Anurâdhapura (à la même époque Angkor-Thom était au Cambodge la capitale de l'empire khmèr).

Ici les monuments sont mieux conservés qu'à Anurâdhapura, cependant les dâgoba sont moins imposants. On compte 20 édifices, restaurés, en briques, de style dravidien; la majorité date du XIIe s.

A 1 m. S. du R.-H., la statue de Parâkrama Bâhu, haute de 3 m. 5, taillée dans le roc.

Vers le N., ruines d'un édifice à piliers monolithes; deux linga debout.

Dalada Maligava, « temple de la Dent », bâti en granit par le roi Kitti Siri Nissanka (1198), de style dravidien, est précédé d'un vestibule quadrangulaire.

Thûparâma, édifice en briques, assez bien conservé, de style dravidien, attribué à Parâkrama Bâhu. Il comprend un vestibule et le sanctuaire avec voûte ogivale. Sur les murs, des bas-reliefs en briques et stuc. Le soubassement du temple est orné d'une frise de lions accroupis ou debout.

Vata Dâgoba, « le Vat rond ». Édifice circulaire, dressé sur une terrasse avec parapet sculpté, précédé de quatre escaliers orientés.

Altha Dâgoba, vaste temple ruiné; sculptures.

Sat Mahal Prâsâda, conçu à la façon des pyramides étagées de style khmèr (Phnom Bakheng, Phimeanakas). Tour quadrangulaire, pleine, surmontée de 5 étages, avec images du Bouddha. Un escalier extérieur mène au 1er.

A 10 min. N.-E., un temple de Vishnu.

A 1 m. de là au N. et à travers la forêt, se dresse le *Rankot Dâgoba*, construit en briques à l'époque de Parâchrama Bâhu. Ce mausolée bouddhique a 60 mèt. de haut et 55 à la base.

A 5 min. plus loin, le *Jetavanaráma*, ou *Lankatilaka*, de style dravidien, est un des monuments les plus intéressants du site. Le temple mesure 45 mèt. de long. sur 17 de large et 22 de haut; il comprend trois salles. Dans le sanctuaire, une statue du Bouddha dans le Nirvana. Les murs extérieurs sont décorés de bas-reliefs en briques et stuc.

A côté, le *Kiri Dâgoba*, haut de 30 mèt., large de 22, couvert en stuc.

Au delà au N.-E., le *Gal Vihâra*. Statues du Bouddha, d'Ananda.

A 10 min., *Devâla Mahâ Seya*, ruiné; quelques peintures.

6. Colombo à Anurâdhapura.

Ligne du Nord et de Madura.

126 m. 55. Trajet en 6 h. 20; 4 trains par j.; prix, 10 R. 20 et 6 R. 80. Wagon-rest., repas 2 R.

Ligne du N. : Colombo à Jaffna, 245 m. 58. Trajet en 13 h. 30.

Ligne de Madura : 1° Colombo à *Madura* (S. des Indes), 320 m. de ch. de fer, plus la traversée (22 m.) en ferry-boat du détroit de Palk. Trajet en 20 h.; 1 service quotidien; prix, 42 R. 50 et 22 R. 25 (dom. indigène, 8 R.). Cette voie est préférée à celle par mer de Colombo Tuticorin.

2° Colombo à *Pondichéry* (même voie), prix, 82 R. et 42 R. (dom. indigène, 14 R. 50).

Colombo à *Polgahavela* Jonction, à 45 m. 34, R-H., v. R. 2, la ligne du Centre, viâ Kandy et Nuwara Eliya.

58 m. 7, *Kurunegala*, 10.500 hab., siège de la North-Western Province, au pied d'une hauteur de 330 mèt. d'alt.; un étang artificiel sert à l'irrigation.

La région est un centre de cultures, du cacaoyer, de l'hévéa, du théier, du cocotier. Mine de graphite.

64 m. 52, *Vellava*.

71 m. 70, *Ganevatta*.

On entre dans une région où les pluies sont rares. Les anciens souverains singhalais y avaient entrepris de grands barrages et des travaux d'irrigation pour développer les cultures; le gouvernement colonial a restauré ou remanié plusieurs de ces lacs artificiels et leurs canaux.

85 m. 17, *Maho*. Embranchement vers la côte E., sur Trincomali et Batticaloa.

92 m. 55, *Ambanpola;* — 98 m. 74, *Galgamuva;* — pont sur le Kala Oya; — on entre dans le pays Tamoul; — 117 m. 29, *Talava*, sur le Modaragam Aru.

126 m. 55, *Anurâdhapura*, R-H. (pron. : Arnaradjapoura).

ANURADHAPURA

Anurâdhapura, « la ville (créée par le roi) Anurâdha » (ve s. avant J.-C.); elle est mentionnée par Ptolémée (11e s. après J.-C.) sous le nom d'Anurogrammum. Son enceinte s'étend sur près de 25 k. et le site resta la capitale de l'île pendant plus de 12 siècles. C'est aujourd'hui le siège de la North-Western Province; 8.000 hab.

GARE, à 2 k. E. de la ville.

HOTELS, voir à l'INDEX. Retenir sa chambre par télégramme, surtout pendant la saison de déc. à mars.

VISITE des RUINES demande 1 j. 1/2 à 2 j. Si l'on fait l'excursion de Mihintale (14 k.), 2 à 3 j.

Deux itinéraires mènent aux divers monuments : la *Route circulaire intérieure :* Mahâ-Vihâra, Palais de Bronze, Ruvanveli, Thûparâma, Mirisaveti, Issurumuniya, Tombe d'Elâra; — la *Route circulaire extérieure :* Abhayagiri, Jetavanarâma. Le grand circuit qui se prolonge vers l'O. peut être raccourci en se dirigeant vers Lankârâma et le sanctuaire du roi Elâla.

Anurâdhapura est la plus ancienne capitale des royaumes singhalais et une cité sainte des Bouddhistes Hina-yanistes.

Les pèlerins y viennent de Ceylan et de Birmanie, parfois du Siam et du Cambodge.

Les traces de l'ancienne ville religieuse sont nombreuses, mais il ne reste d'imposant que 7 *dâgoba* (stûpa, *s.*).

Ce qui distingue les *dâgoba* de Ceylan de ceux des Indes, c'est le cloître circulaire avec piliers monolithiques, placés sur 2 et 4 lignes concentriques. Ceux-ci supportaient un toit à l'indienne avec étages superposés. Plusieurs sont encore surmontés de chapiteaux à tenons et mortaises, comme ceux de Thûparâma et de Ruvanveli.

Les *vihâra,* monastères ou temples, n'ont pas survécu aux invasions dravidiennes, et ils ne se révèlent plus que par leurs substructions.

PETIT CIRCUIT

a) Partie méridionale.

Mirisaveli, du 11e s. avant J.-C., fut réparé au xixe s. avec les dons d'un prince siamois. Sculptures intéressantes de sa chapelle O.

Issurumuniya est du 111e s. avant J.-C. Il est élevé sur une terrasse et a 10 mèt. de haut.

La *Tombe* d'*Elala,* roi dravidien, vaincu et tué dans les plaines de la capitale, et inhumé par les soins de son vainqueur Dutthagâmani.

b) Partie centrale.

Mahâ Vihâra, avec l'*arbre* sacré de la *Bodhi* transporté de Bodh-Gaya à Ceylan en 245 avant notre ère.

Lohapasada, le **Palais de Bronze,** construit par Dutthagâmanî en l'an 164 avant J.-C.

D'après le Mahâvamsa, ce palais comprenait 900 chambres et 9 étages, le tout supporté par 1.600 piliers de granit de 4 mèt. de haut, qui subsistent encore. Les étages devaient être en bois et en retrait, comme dans les monastères modernes de Mandalay; la toiture couverte de tuiles de cuivre. Les murs étaient incrustés de pierres précieuses. Dans la grande salle du trône, s'élevaient des colonnes d'or s'appuyant sur des lions et des éléphants d'or. Au centre, un trône d'ivoire, surmonté d'un baldaquin blanc; à dr. et à g., un soleil d'or et une lune d'argent.

c) Partie septentrionale.

Ruvanveli, dâgoba haut de 60 mèt., élevé pour recevoir les cendres du roi Dutthagâmi (140 av. J.-C.). Statue colossale de ce souverain, taillée en pleine ronde-bosse.

Il y a de nombreuses statues du Bouddha et des autels aux points cardinaux; quelques inscriptions du 1er au xiie s. A D. Parmi les sculptures, on remarquera les makara.

Thûparâma est le dâgoba le plus ancien; il fut construit au iiie s. avant notre ère par le roi Devânampiya Tissa, et restauré par les bonzes au xixe s. L'édifice a 19 mèt. d'élévation et a quatre rangs de colonnes sculptées.

Les restes du *Dalada Maligava*, où fut déposée la précieuse dent du Bouddha, à son arrivée sur la terre de Ceylan (307 A D.).

GRAND CIRCUIT

Abhayagiri fut élevé en l'an 90 de notre ère par le roi Valagam Bâhu, pour commémorer les victoires singhalaises sur les Dravidiens Tamouls. Le dâgoba mesure 70 mèt. de haut et 100 mèt. de diamètre; il repose sur une vaste plate-forme. On jouit d'une vue étendue à son sommet.

Jetavanarâma, date de la fin du règne de Mahâsena (fin iiie s. A D.). Ce dâgoba a 75 mèt. de haut et 109 mèt. de diamètre à la base.

Mihintale.

Le rocher sacré de *Mihintale* est à 8 m. d'Anurâdhapura, sur la route de Trincomali. D'après la légende, l'apôtre bouddhiste *Mahinda*, un fils d'Açoka (ive s. avant J.-C.), arriva à Sihala (Ceylan) par la voie des airs et atterrit à ce rocher; il convertit le roi Tissa et prêcha dans le « royaume du Lion » la doctrine du Bouddha.

Un escalier taillé dans le roc conduit au sommet de la colline rocheuse (vue étendue sur le N. de l'île). Le dâgoba *Mahâseya* et de nombreuses ruines d'édifices bouddhiques, vihâra, bassins.

Le *Lit de Mahinda*, la cellule de l'apôtre.

Le dâgoba *Ambustala*, pour rappeler la rencontre de Mahinda et du roi Devânampiya Tissa.

7. Ceylan en Malaisie.

Côte N. de Sumatra.

De Colombo à *Pinang*, 1.268 m.; la traversée s'effectue par les grands courriers en 4 jours; — de Colombo directement à *Singapore*, 1.570 m., en 5 j.; — de Pinang à Singapore, 368 m., en 1 j. et demi.

Le paquebot reprend sa course dans l'Océan Indien, mais la côte S.-O. de Ceylan reste longtemps en vue avec son fond montagneux (Pic d'Adam); on quitte l'île par le travers de Matara pour prendre une route O.-E. voisine du 5º de latitude N. La fosse sous-marine atteint rapidement 3 et 4.000 mèt. de profondeur.

Vers le troisième jour de navigation, on laisse vers le N. un long chapelet d'îles, jalonnant une terre disparue entre Sumatra et la Basse Birmanie : les *Nicobar* et les *Andaman.*

Cet archipel montagneux a ses côtes bordées de cocoteraies. Sa population est de 25.000 hab., dont 6.300 insulaires Nicobarins, rattachés à la division ethnographique des Indonésiens, et 1.800 Minkopi des Andaman du groupe des Négrites; la taille moyenne de ces derniers est de 1 m. 49.

Ce groupe d'îles, connu anciennement des Chinois, reçut les noms de Lohing-man, « [îles] des Barbares nus », de Yen-t'o-man au XIIIe s., de Ts'oueilan et de So-tou-man au XVe s., enfin de Ngan-to-man.

SUMATRA

Le N.-O. de l'île de Sumatra est signalé au large par le *phare* de l'île de *Wè*, où a été créé le port de relâche de **Sabang.**

Port naturel, abrité avec des fonds de 18 à 48 mèt., et bien aménagé. *Hôtel.*

Dépôt de charbons gras et maigres (Cardif, Natal); chargement par transbordeurs électriques. Stock de mazout avec pipeline. Ravitaillement en vivres et en eau. TSF de 2.000 kil. de portée diurne. Service hebd. de navigation sur Pinang.

Port franc, sans frais de port pour les navires venant charbonner, fréquenté par 900 bâtiments jaugeant 3.600.000 T.

En arrière, *Oelèe Lheue*, le port de *Kota-râja*, qu'une voie ferrée, suivant la côte N. de Sumatra, relie à Medan (550 k.); c'est le pays des Atchinais.

Sur ce littoral, les débarcadères de *Sigli*, de *Lho Seumawè*, d'*Idi* dans l'état de Perlak (service de navig. sur Pinang).

Bientôt, les côtes de Sumatra s'estompent dans le lointain.

Le paquebot continue sa route O.-E. s'il se rend à *Pinang;* il se tient dans le milieu du *détroit de Malacca* et prend une direction S.-E. s'il va directement sur *Singapore.*

L'île de Sumatra (Samudra) a une superficie de 421.000 kmq. (4/5 de la France) et une population évaluée à 5.000.000 d'hab., composée surtout de Malais à l'E., et de Batak (Indonésiens) à l'O.; les Ala, les Gadjou habitent l'intérieur d'Atchin, les Koubou, les Loubou le S.

Les voies de communication se sont bien développées, et aujourd'hui les groupements indigènes de l'intérieur reconnaissent l'autorité hollandaise.

Toute cette côte du détroit de Malacca fut connue des peuples anciens :
Yavadvîpa, « l'île de Yava (Majeure) » dans le *Râmâyana*, dont l'édition de Vâlmîki fut publiée aux environs de l'ère chrétienne : « De tous vos efforts, gagnez l'île de Java, embellie de sept royaumes, l'île de l'or et de l'argent. parée de mines d'or. » Ce nom, les Chinois le transcrivirent en *Ye-tiao* en 132 A. D. et Fa-hien en *Ye-p'o-ti* en 414. Ptolémée (II⁰ s. AD.) écrivit *Iabadiou* dans sa Géographie. Du mot sanskrit, fut fait *Jâvaka*, d'où le mot arabe *Zâbag* pour désigner Sumatra ; « l'île de l'Or » traduit en chinois devint *Kin-tcheou.*

Orographie. Les montagnes anciennes, prétertiaires, forment à Sumatra une série de plis. Chacun de ces plis se compose d'une portion, dirigée N.-S. se reliant aux plis de Malacca, et d'une portion dirigée E.-O. se reliant aux plissements de Java. Tous deux, affectés par des dislocations plus récentes, sont souvent limités sur leurs deux bords par des failles; celles-ci, provoquées par l'affaissement du Pacifique et celui de l'Océan Indien.
Les volcans, tertiaires et quaternaires, paraissent en relation principalement avec l'effondrement du dernier océan, et tous les plissements tertiaires ne semblent être que des phénomènes secondaires, consécutifs à ce grand mouvement d'affaissement.

En longeant le littoral de la colonie hollandaise, on laisse à bâbord le débarcadère de *Bajan*, puis on entre dans la rivière de Deli.

Kwala **Balavan** est un port important où relâchent les paquebots néerlandais. Vis-à-vis est la ville de *Deli*, qu'un chemin de fer relie à *Médan* (2 h. de trajet; pont de 370 mèt. sur la rivière). Dans le lointain, un décor de montagnes, des cônes volcaniques dont les poussières ont fertilisé les plaines voisines.

Médan, siège d'une résidence hollandaise et d'un sultanat malais, est une ville aux rues bien tracées, située sur la rivière Deli et au confluent de la Boboera. *Hôtel.*

Le pays produit du riz, des noix de coco, du poivre, du café de Libéria, du caoutchouc d'hévéas, du tabac de qualité appréciée.

La province a une population de 600.000 âmes, dont 100.000 Chinois du occupés en majorité dans les plantations, des Malais, des Batak, des Boyan, des Bengali (du Gange), des Kling (de Coromandel).

Traversée de l'île : *Balawan-Déli* à *Padang*, en 5 j. par automobile :
1ᵉʳ j. Balawan à *Médan*. La ville et la campagne environnante; — 2ᵉ j.

Médan à *Tebing Tingga, Pematang Siantra* (déj.), *Parapat* (lac *Toba*) (dîner, coucher); — 3ᵉ j. Parapat à *Balige* (déj.), *Taroetoeng, Bonom Dolok, Sibolga* (dîn., couch.); — 4ᵉ j. Sibolga à *Padang Sidimpoean* (déj.), *Kota Nopan* (dîn., couch.); — 5ᵉ j. Kota Nopan à *Loboek Sikaping* (déj.), *Fort de Koch* (dîn., couch.); — 6ᵉ j. Fort de Kock à *Padang Pandjang, Anei Kloof, Padang, Emmahaven* où on s'embarque pour Batavia ou pour les ports S.-O. de Sumatra.

En descendant la côte :

Tandjong Balei, chef-lieu du district d'Asahan, siège d'une résidence annexe d'un sultanat (demander une autorisation pour visiter l'Astana, ou palais du sultan).

Le district est arrosé par la rivière Asahan, descendant du lac Toba (906 mèt. d'alt.) et du pays Batak. Cultures du tabac et du café de Libéria.

Entre les îlots d'*Aroa* (Insulinde) et la côte basse de *Port-Swettenham* (Malaisie), les fonds de mer s'élèvent laissant un passage étroit aux grands paquebots.

Laboean Bilik, près du confluent des rivières Pané et Bila, capitale de la petite principauté de Pané et résidence du contrôle du district de Laboean Batoe.

A tribord, l'île plate de *Roepat* (Rupat).

Bengkalis, dans une île, sur le détroit de Brouwer.

Siak Srî Andrapoera, capitale d'un sultanat sur la rivière de Siak, dans une riche plaine d'alluvion.

A la passe méridionale du détroit de Brouwer, les courriers prennent, les uns la direction de Singapore, qui est proche, les autres celles des escales de la côte S.-E. de Sumatra.

L'embouchure du Kampar, avec le débarcadère de *Poeloe Lawan*.

Le bassin supérieur du Kampar communique avec la région si pittoresque du *Mérapi* (2.890 mèt.), du lac-cratère de Manindjoe, du lac de Singkarah, etc., par *Paja-Kombo, Fort de Koch* (ch. de fer cur le port de *Padang*, côte S.-O.).

Le delta de l'Indragiri, avec le centre de *Ringat*.

Le haut pays mène aussi à la région du Mérapi, par *Sidjoendjoeng* (ch. de fer sur *Solok, Fort de Capellen* et *Padang*).

Le vapeur évite les côtes basses du détroit de Berhala et coupe à travers les chenaux des îles *Lingga*, proches de l'île de *Singkep* (étain).

Les bouches du Djambi, avec les débarcadères fluviaux de *Moeara Kompeh* et de *Djambi*, centre d'un sultanat.

La rivière principale est formée en amont de deux affluents importants, à g. la riv. Hari, et à dr. la riv. Tambesi.

C'est le sultanat de Minangkabaw, de l'ancien état suzerain de Suvarnabhûmi ou de Mâlâyu, dont une ambassade à la Cour de Chine est rapportée en

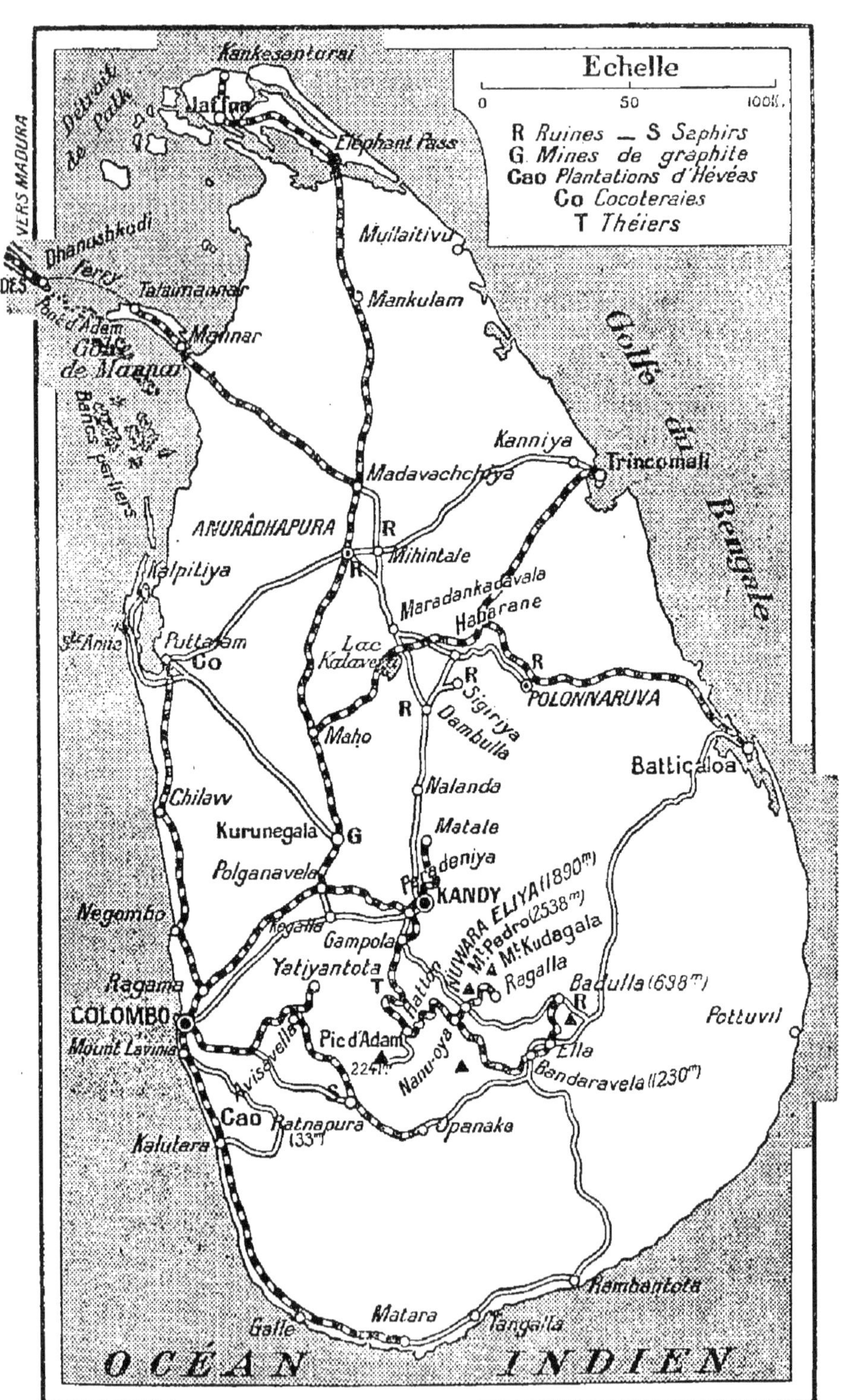

Echelle
0   50   100K.
R Ruines — S Saphirs
G. Mines de graphite
Cao Plantations d'Hévéas
Co Cocoteraies
T Théiers
Kankesanturai
Jaffna
Elephant Pass
Détroit de Palk
VERS MADURA
Dhanushkodi
Ferry
INDES
Talaïmannar
Pont d'Adam
Mannar
Golfe de Manaar
Bancs perliers
Mullaitivu
Mankulam
Kanniya
Madavachchiya
Trincomali
Golfe du Bengale
ANURÂDHAPURA
R
R
Mihintale
Kalpitiya
Maradankadavala
Habarane
R
St Anne
Puttalam
Co
Lac Kalavewa
R
Sigiriya
Dambulla
R
POLONNARUVA
Maho
Batticaloa
Nalanda
Chilaw
Matale
Kurunegala
G
Peradeniya
Polganavela
KANDY
Negombo
NUWARA ELIYA (1890ᵐ)
Mt.Pedro (2538ᵐ)
Mt.Kudagala
Regalla
Gampola
Ragalla
Badulla (638ᵐ)
Yatiyantota
T
Ragama
Hatton
R
Pottuvil
COLOMBO
Pic d'Adam
Nanu-oya
Ella
Mount Lavinia
2241ᵐ
Bandaravela (1230ᵐ)
Avisawella
S
Cao
Ratnapura
Upanake
Kalutara
1337ᵐ
Hambantota
Matara
Galle
Tangalla
OCÉAN   INDIEN

l'an 644. Dans la seconde moitié du VIIᵉ s., il devint une dépendance de Palembang.

On entre dans le détroit de Banka. — A bâbord, *Muntok*, chef-lieu de l'île de *Banka*. Exploitation de célèbres gisements d'étain.

Banka a une constitution géologique, botanique et zoologique différente de celle de Sumatra.

Dans le S., l'embouchure de la rivière Moesi, avec en amont la ville de *Palembang*, siège de district et d'un sultanat malais. Raffineries de pétrole.

Chemin de fer sur *Batoe Radja* et *Polok Betang*, port sur le détroit de la Sonde.

Le sultanat de Palembang fut autrefois le royaume de *Çrî-Vijaya*. Dépendance du Malayu (Minangkabaw), il domina toute l'île de Sumatra, dès la seconde moitié du VIIᵉ s., s'empara de la moitié de Java (686), occupa la presqu'île malaise jusqu'à Kra, et porta la guerre jusqu'au Cambodge (fin IXᵉ s.). Les Javanais mirent fin à cet empire en 1275.

Le pèlerin chinois Yi-tsing, se rendant aux Indes (VIIᵉ s.), fit trois séjours dans la capitale de Çrî-Vijaya qu'il transcrit Che-li Fo-che.
« Dans la ville fortifiée de Fo-che, il y a plus de 1.000 prêtres bouddhistes dont l'esprit est tourné vers l'étude et les bonnes actions. Ils scrutent et étudient tous les sujets possibles, exactement comme dans le Madhyadeça (l'Inde); les règles et les cérémonies y sont identiques. Si un prêtre chinois veut se rendre en Occident (Inde) pour y entendre (des leçons) et y lire (les textes sanskrits bouddhiques), il ferait mieux de séjourner (d'abord) à Foche pendant un an ou deux et d'y pratiquer les règles convenables; il pourrait se rendre ensuite dans l'Inde centrale. »

Au N., *Singapore*, grand port anglais à l'extrémité méridionale de la presqu'île malaise, capitale de la Malaisie britannique.

MALAISIE

Les territoires anglais de la presqu'île malaise, connus sous le nom de BRITISH MALAYA (Malaisie britannique), comprennent les *Straits Settlements*, « Établissements des Détroits », colonies de la Couronne, et les *États malais protégés*. Tous relèvent du « Gouverneur et Commandant en chef, Haut-Commissaire (pour les États Malais) » résidant à Singapore.

La Malaisie anglaise, située à l'extrémité méridionale de l'Asie, s'étend du 1°15′ au 6° de latitude N. (entre Singapore et Perlis), et du 100° au 105° E. de G., sur une longueur de 464 milles anglais et une largeur de 216 m.

Le sommet le plus élevé est le *Gunong Tahan*, 2.191 mèt.

La rivière navigable et la plus longue (335 milles) est celle de Pahang.

SUPERFICIE. POPULATION

La *superficie* de la MALAISIE britannique est de 51.725 milles carrés (Angleterre et pays de Galle, 58.324 m. c.), et sa *population* de 3.358.054 hab.

L'ensemble se répartit ainsi :

	Superficie	Population
Settlements..............	1.560 milles c.	883.769 hab.
États fédérés	27.623 —	1.324.890 —
États non fédérés	23.785 —	1.149.395 —

DÉMOGRAPHIE

Au point de vue des origines, la population se décompose ainsi :

	Européens	Eurasiens	Malaisiens	Chinois	Hindous	Divers
Settlements.	8.149	9.138	255.353	498.547	104.628	7.954
États fédérés	5.686	3.204	510.821	494.548	305.219	5.412
États non fédérés	1.084	302	860.934	61.781	61.781	19.584
	14.919	12.644	1.627.108	1.173.354	471.628	32.950

L'augmentation annuelle paraît être de 40 à 50.000 âmes, dont un quart provenant de l'immigration.

La population autochtone est composée surtout de *Malais ;* on rencontre encore quelques tribus de Négrites (Sakai) et d'Indonésiens (Semang). — Parmi les *Hindous*, les Tamouls (Tamils) et les Télougous forment la majorité. Les *Chinois* sont originaires des pays du Sud de la Chine et proviennent de groupements ethniques différents, parlant des langues particulières; le groupe hok-lo : *Hokkien* (Fou-kien, de la région d'E-moui), *Teo-chiu* (Tchao-tcheou-f.; région de Soua-t'eou), *Hailam* (Hainan); le groupe cantonais, le plus actif et le plus riche; le groupe hac-ka : *Kheh*. Les Cantonais, les Kheh et les Hokkien sont les plus nombreux.

La *main-d'œuvre* est particulièrement attirée vers les *plantations* d'hévéas (370.000 coulis) et vers l'extraction de l'*étain* (80 à 90.000 coulis, surtout chinois).

Vers Indoch. 6.

Les ouvriers agricoles dans les plantations de plus de 40 Ha. comprenaient les nationalités suivantes (1918) : Hindous, 210.028; Chinois, 101.345; Malairiens, 31.389; Javanais, 21.538; Divers, 4.264.

Concessions. Tout terrain inoccupé, appartenant aux États, peut être donné en concession perpétuelle moyennant le versement d'une prime variable et peu élevée et le paiement d'un loyer annuel sujet à revision trentenaire. Le concessionnaire doit mettre en culture annuelle au moins un vingtième du terrain pendant 15 ans et en maintenir ensuite au moins les trois quarts en exploitation.

Les deux principales sources de richesse de la Malaisie sont le caoutchouc et l'étain. Parmi les autres productions, l'éléis, le cocotier, le riz.

GOUVERNEMENT

Le territoire de la *Malaisie* comprend trois sortes d'administrations : les colonies de la Couronne, les États malais fédérés et les États non fédérés. Le personnel administratif anglais constitue le « Malayan Civil Service ».

STRAITS SETTLEMENTS

Les « Établissements des Détroits » ont une superficie de 1.560 milles carrés et 900.000 habitants, dont deux tiers de population mâle. Ils sont formés des territoires suivants :

Ile de Singapore et dépendances (223 m. c. et 435.000 hab.); — l'île de Pinang (107 m. c. et 164.000 hab.), avec la province de Wellesley (288 m. c. et 130.000 hab.) et le territoire des Dindings (265 m. c. et 12.000 hab.) qui ont pour centre Lumut et pour port Pangkor; — **Malacca** (659 m. c. et 155.000 h.).

Le gouverneur réside à Singapore. Il est assisté d'un Conseil Exécutif de sept membres et d'un Conseil Législatif de quinze membres (8 officiels, 2 représentants des Chambres de commerce et 5 nommés par la Couronne).

FEDERATED MALAY STATES

La constitution des « États fédérés malais » date de juillet 1896. En font partie : Perak, Selangor, Pahang, Negri Sembilan. Superficie, 27.623 m. c. Population, 1.338.000 hab.

La capitale de la fédération est Kuala Lumpur.

Perak (6.580 m. c. et 622.000 hab.), capitale Ipoh (36.000 h.), ville principale Taiping (30.000 hab.), compte six districts : Larut, Matang, Selama, Kinta, Krian, Kuala Kangsar, Lower Perak, Batang Padang, Upper Perak, Nouveau territoire. — Productions : caoutchouc, étain, riz, sucre, café Libésia, noix de coco, poivre, or, fer, cuivre, mercure, arsenic, manganèse, plomb, argent, zinc.

Selangor (3.200 m. c. et 425.000 hab.), capitale Kuala Lumpur (80.000 h.), comprend six districts : Kuala Lumpur, Ulu Selangor, Klang, Kuala Langat, Kuala Selangor, Ulu Langat. — Productions : caoutchouc, étain.

Pahang (14.000 m. c. et 150.000 hab.), capitale Kuala Lipis (10.000 h.), compte quatre districts : Bentong, Raub, Lipis, Temerloh, Pekan, Kuantan. — Pays très riche en mines d'étain, d'or.

Negri Sembilan (2.600 m. c. et 190.000 hab.), avec les principicules de Sungei Ujong, Sri Menanti, Johol, Jelebu, Rembau, Tampin), capitale Seremban (17.000 hab.).

Les États fédérés sont placés sous la direction du Gouverneur, prenant vis-à-vis d'eux le titre de *Haut-Commissaire*, mais qui est représenté à la capitale, Kuala Lumpur, par un *Secrétaire en chef.*

Le Protectorat est assisté d'un *Conseil fédéral*, composé du Haut-Commissaire, des quatre Sultans (ou de leurs représentants), du Secrétaire en chef, des quatre Résidents des États, du Conseiller financier, du Conseiller légiste et de cinq membres nommés par le Haut-Commissaire avec l'approbation du roi. L'administration judiciaire est indépendante de celle de Singapore. La fédération a un budget spécial pour les recettes et les dépenses fédérales (chemins de fer, postes, etc.).

Auprès de chacun des quatre *Sultans*, il y a un *Résident*, duquel dépendent les *District Officers* des circonscriptions.

Chaque État a son *Conseil d'État*. Il peut faire des lois ou règlements particuliers. Chacun a son budget et son administration propre.

Un-Federated Malay States

Depuis l'arrangement anglo-siamois du 10 mars 1909, les quatre États malais de Kelantan, Trengganu, Kedah, Perlis, font partie de la Malaisie anglaise, mais n'ont aucun rapport administratif ni avec la Colonie ni avec les États fédérés; ils dépendent directement, ainsi que Johore, du Haut-Commissaire. Chaque sultanat a son administration distincte, avec un *Adviser* (Conseiller) anglais, et son *Conseil d'État*. Un secrétaire centralise à Singapore les affaires de ces États protégés.

Johore (7.678 m. c. et 282.234 hab.) est divisé en sept districts : Johore Bâhru, Kota Tinggi, Endau, Kukub, Batu Pahat, Muar, Segamat. Capitale, *Johore Bâhru*. Le représentant anglais est General Adviser.

Kelantan (5.713 m. c. et 309.300 hab.); capitale, *Kota Bâhru*; port maritime, Tumpat.

Trengganu (6.000 m. c. et 153.765 hab.); capitale, *Kuala Trengganu* (12.000 hab.).

Kedah (3.648 m. c. et 338.558 hab.); capitale, *Alor-Star*. Districts : Kota Star, Kubang Pasu, Padang Terap, Baling, Yen, Kuala Muda, Kulim, Bandar Bâhru. Productions : caoutchouc, noix de coco, étain.

Perlis (316 m. c. et 40.087 hab.); capitale, *Kangar*.

Du gouvernement de Singapore dépend encore : *Brunei* (Borneo).

Budget : $ 125.000.000.

Commerce. *Exportations*, $ 1.080.000 : caoutchouc, étain, copra, tungstène, wolfram, poissons salés, noix d'arec.

Importations, $ 1.100.000 : riz, cotonnades, opium, pétrole, charbon, ciment.

Monnaie. La monnaie locale est le $ *dollar*, de même poids et alliage que le dollar de Hongkong. Sa monnaie d'appoint comprend des piécettes de 50, 20, 10 et 5 cents.

La monnaie anglaise et les billets de la Banque d'Angleterre ont cours légal.

Le *Straits Settlements dollar* vaut légalement 2 s. 4 p., soit en frs or 2,94.

Rapports entre la livre et le dollar.

La Livre vaut 8 $ 57 cents 14 dec.

£	s.	d.		$	cts.	dec.
£	0	0	1 = $	0	03	57
£	0	0	6 = $	0	21	43
£	0	1	0 = $	0	42	86
£	0	5	0 = $	2	14	29
£	0	10	0 = $	4	28	59
£	1	0	0 = $	8	57	14
£	5	0	0 = $	42	85	71
£	10	0	0 = $	85	71	43

Le dollar vaut 2/4.

$	cts.		£	s.	d.	dec.
$	0	01 = £	0	0	0	28
$	0	05 = £	0	0	1	40
$	0	10 = £	0	0	2	80
$	0	50 = £	0	1	2	00
$	1	00 = £	0	2	4	00
$	5	00 = £	0	11	8	00
$	10	00 = £	1	3	4	00
$	50	00 = £	5	16	8	00
$	100	00 = £	11	13	4	00

Voies de communication

La Malaisie est l'un des Gouvernements indochinois qui a le plus rapidement développé ses voies de communication, chemins de fer, routes, services automobiles, services fluviaux, services côtiers et maritimes.

Chemins de fer.

Les chemins de fer sont à voie étroite, de 1 mètre, et organisés par l' « Administration fédérale des États Malais ». Le réseau comprend deux branches principales pour desservir les pays côtiers E. et O.; sa longueur totale est de 1.092 milles (1.758 kil.).

Deux express circulent chaque jour entre *Singapore* et *Pinang* et couvrent les 787 kil. en 23 h. env. (soit 34 k. à l'heure, compris les arrêts), et un autre va de *Pinang* à *Bangkok* (v. Siam). A ces trains sont attachés un wagon-restaurant (breakfast, luncheon or dinner) et un wagon-lits; ces derniers sont divisés en compartiments ayant chacun deux couchettes superposées, placées parallèlement à la voie; il existe cependant un modèle à couchettes transversales, rarement employé pour une voie d'un mètre.

Les wagons mesurent 18 mèt. de long sur 2 mèt. 70 de large. Les wagons à marchandises sont généralement couverts, à cause des pluies diluviennes; pour le charbon, on se sert de wagons à boggie découverts, pesant 12 T., et transportant 28 T. de combustible.

Les locomotives sont des types « Mallet » et « Pacific »; elles sont chauffées avec du charbon de Rawang, de qualité ordinaire, mais peu coûteux.

Le réseau des *Federated Malay States Railways* comprend les lignes suivantes :

Prai-Pinang à Singapore	489 m.	
Bukit Mertajam à Padang Besar	98 m.	25
T'ai-p'ing à Port Weld	7 m.	17
Ipoh à Tronoh	14 m.	77
Tapah-Road à Teluk Anson	17 m.	78
Kuang à Batang Berjuntai	14 m.	50
Kuala Lumpur à Ampang	6 m.	
Kuala Lumpur à Batu Caves	7 m.	50
Kuala Lumpur à Kuala Selangor	49 m.	
Connaught Bridge à Port Swettenham	8 m.	01
Seremban à Port Dickson	24 m.	86
Tampin à Malacca	21 m.	13
Gemas à Pasir Mas	290 m.	
Pasir Mas à Tumpat	16 m.	
Pasir Mas à Sungei Golok	13 m.	
Bahau à Kuala Pilah	13 m.	

Routes.

Les routes se développent rapidement, et déjà près de 6.000 kil. (1926) sont automobilables, goudronnées dans la traversée des agglomérations. Leur largeur entre les fossés est de 6 mèt. 70, dont 4,90 empierrées.

La meilleure époque pour voyager est pendant la saison relativement sèche, d'avril à septembre. On roulera de 7 h. à midi, puis de 16 h. 30 à 18 h. 30; on établira son itinéraire pour arriver dans une ville avant le coucher du soleil.

Automobiles.

Les passagers peuvent faire débarquer leur auto sans payer de droit de douane. Pour circuler dans le pays, ils adresseront une demande au chef de la Police afin d'obtenir un Permis de circulation, valable pour la colonie.

On trouvera facilement à louer une automobile avec un chauffeur indigène dans les grands centres. Les gages d'un Malais sont de 1 £ par semaine, plus la nourriture et le couchage.

Les autos sont très répandues. On en compte 18.000, plus 2.000 cars, 2.300 camions et 4.000 motos (1926).

HOTELLERIE

Il existe des hôtels très importants dans les grands centres, et ceux de Singapore sont de premier ordre. L'Administration fédérale des Chemins de fer gère deux hôtels confortables dans les gares d'Ipoh et de Kuala Lumpur (pens. 8 $ 50 par j.).

Dans les villes de moindre importance, les gouvernements locaux entretiennent des *Rest-Houses*, « Maisons de repos », où le voyageur peut, pour 24 h . (8 j. au plus), trouver une chambre (1 $ 50 à 2 $), une salle de bain, une assez bonne nourriture (1 $ 50 à 2 $). Dans certains lieux moins visités, il existe des *Bungalows :* les gardiens de ces gîtes d'étapes ne parlent pas toujours l'anglais. Le voyageur dispose ainsi en Malaisie de 87 Rest-Houses ou Bungalows. Pour ses relations avec les indigènes, il fera bien de se munir d'un petit vocabulaire malais.

Si l'on doit circuler en dehors des villes, on emportera une paire de draps, un oreiller, une moustiquaire, une couverture.

CHASSE

La presqu'île malaise possède une grande variété de gibiers de chasse, depuis la bécassine jusqu'au tigre et à l'éléphant.

Taxes. Les chasseurs arrivant dans la colonie devront demander au chef de la Police de Pinang ou de Singapore un permis d'importation d'armes de chasse et de munitions (coût 50 cents), plus un permis de port d'armes ($ 1). Ils se présenteront au chef de la Police de l'État, qu'ils visitent pour avoir un permis de chasse ($ 5), et celui-ci sera visé par le Résident local lorsqu'ils changeront de province ou d'État.

La chasse à la grosse bête donne lieu à une demande spéciale, adressée au Résident de l'État ou de la province, et à la perception d'une taxe pour les étrangers non résidants : de $ 80, valable pour un mois, donnant le droit d'abattre une seule tête, — ou de $ 200, valable pour six mois, pour 4 têtes de gros gibier (éléphant, gaur, seladang; rhinocéros, tapir, tigre, ours, léopard, panthère). — Si l'on chasse sans permis, ou si l'on abat une femelle, on est passible d'une amende de $ 500.

La haute vallée de Perak, le voisinage des Dindings et surtout la région E· de Pahang, bien arrosée, sont les parcours de chasse les plus fréquentés : séladang (bibos sondaicus), rhinocéros (unicorne et bicorne), éléphant. Se renseigner auprès des autorités.

On s'assurera d'un bon chasseur-pisteur malais (assez difficile à trouver ; $ 25 à 30 par mois), et de porteurs de bagages (50 à 60 cents par j., non compris la nourriture, riz et poisson salé.

Les provisions, l'équipement, le matériel de campement, les bagages, seront répartis en charges n'excédant pas 15 kilos, poids limite porté par chaque couli.

MALAISIE

1. Pinang.

A la pointe N. de la terre de Pinang, le *phare* de Puchat Mukha.

Le 28 octobre 1914, le croiseur allemand *Emden*, venant de l'O., guidé par les phares de la côte et les lumières de la rade, arriva de nuit devant Pinang, attaqua et coula le croiseur russe *Yemtchoug* mouillé au port, et repartit vers le N.-O. L'ennemi, camouflé, aperçut sur sa route, à 14 milles au N. du phare Puchat Mukha, le petit torpilleur français *Mousquet*, en patrouille, et le coula (7 h.) avec ses grosses pièces.

L'île de *Pinang* (Penang, a.), ou du *Prince de Galle*, est située à 368 milles au N. de Singapore, sur la côte O. de la péninsule malaise, dont elle est séparée par un bras de mer de 4 milles de largeur. L'île a 15 milles dans sa plus grande longueur et 9 milles en largeur; sa superficie est de 107 milles carrés. Population, 165.000 hab.

Pinang, « Ile des Aréquiers », fut cédée en 1785 à la « Compagnie anglaise des Indes Orientales » par le raja de Keda contre une rente annuelle de dix mille dollars; son négociateur, le capitaine Light, fonda *Georgetown* le 17 juillet 1786. Pinang est un port libre.

Georgetown s'est élevé sous la protection du *fort Cornwallis*, édifié vers la fin du xviiie siècle à l'extrémité N.-E. de l'île. Sa population est de 120.000 hab., en majorité originaire de Chine (70.000), des Malais, des Tamouls de l'Inde du Sud, des Européens, des Eurasiens. Ses coordonnées géographiques sont : 5°24' de latitude N. et 100° 1' de longitude E.

Le port est fréquenté par un grand nombre de vapeurs se rendant des Indes en Extrême-Orient ; 18.000 bâtiments jaugeant 8.000.000 tonnes.

Port. Douane. Le passager débarque au Swettenham Pier. Pinang est un port franc; seuls les alcools et les tabacs sont frappés d'un droit d'entrée.

Hôtels : v. l'Index touristique.

Monnaie : celle des Straits Settlements, dont l'unité est le $ dollar, stabilisé sur le cours de la £.

Poste : Downing Street, à 2 min. du Swettenham Pier.

Télégraphe : Beach Street, près du Pier. Pour les tarifs, voir Singapore.

Animaux. Les animaux, et spécialement les chiens, ne peuvent être débarqués en Malaisie britannique sans une autorisation expresse du service vétérinaire.

Cultes : CATHOLIQUE, *St-François-Xavier.* — *Collège* des Missions étrangères de Paris, à Pulau Tikus (à 3 m. 1/2 des jetées).

PROTESTANT : Église d'Angleterre. — Methodist Episcopal Mission. — Presbyterian Church.

Églises grecque, arménienne. Pagodes bouddhistes. Mosquées. Temples des congrégations chinoises.

EMPLOI DU TEMPS. Le quartier chinois. Le Réservoir et la Cascade. Le Jardin botanique. Le temple chinois d'Ayer Itam.

En façade sur le port, le *Weld Quay,* parcouru par le tramway; divers appontements. Parallèlement au quai, *Beach Street,* la principale rue commerçante; perpendiculairement, *Chulia Street,* maisons de thé, théâtre chinois.

Vers le rivage N., *Light Street*; à g., le Gouvernement et le Palais de Justice; — à dr., Fort Cornwallis; l'Esplanade, où s'exercent deux clubs de cricket; musique deux fois par semaine. L'Hôtel de Ville.

Plus vers l'O., l'église *St-François-Xavier,* desservie par les Missions étrangères de Paris; puis, divers *hôtels,* bien situés en bordure de la plage.

Dans l O. de Georgetown, le Champ de course, le Golf Club, des villas, la résidence du Gouverneur.

ENVIRONS : *Jardin botanique;* les *Jardins de la Cascade* (4 m. N.-O. des jetées; tramway); la masse d'eau, venant des Penang Hills, tombe d'une hauteur de 45 mèt. sur des roches qui la pulvérisent, puis rejaillit en flots d'écume. Le temple chinois d'*Ayer Itam,* « Eau Noire » (4 m. S.-O., tramway).

Dans l'O., les « Collines de Pinang » s'élèvent à 831 mèt. d'alt.; vue étendue. Ce site constitue la station d'altitude, où de nombreux Européens ont leur demeure. Villas, *Crag H.* Un funiculaire électrique monte de 30 à 732 mèt. au-dessus de la mer et effectue ce trajet en 18 min. (prix, $ 2 all. et ret.).

2. Pinang à Singapore.

Le passager venant d'Europe pourra débarquer à Pinang, prendre le ch. de fer pour avoir un aperçu du pays malais et des centres principaux, Ipoh, Kuala Lumpur, et rejoindre son bateau à Singapore 2 j. après.

a) 489 milles t. (787 k.) par CHEMIN DE FER. La voie ferrée, qui réunit les deux grands ports anglais de la presqu'île malaise, est exploitée par l'Administration fédérale, qui a remplacé les anciennes organisations financières : 1º de Pinang à Gemas, sur 336 m. 13, des *Federated Malay States Railways*; 2º de Gemas à Johore Bharu, sur 121 m. 48, de *Johore State Railway;* 3º de Johore à Singapore, 17 m., de *Singapore Government Railway*. — Un service rapide de jour et un service rapide de nuit partent à 8 h. et à 19 h. 30 de Pinang et trente min. avant, de Singapore; trajet en 23 h., ou 23 h. 45; wagon-restaurant (breakfast, $ 1, tiffin, 1 $ 25, dîner, 1 $ 75); wagon-lit attaché pour la nuit (suppl. $ 4). Prix, en 1ʳᵉ cl. : 31 $ 06, donnant droit au transport gratuit de 100 cati de bagages (66 kilos); en 2ᵉ cl. : 15 $ 06 (60 cati). On pourra s'arrêter en cours de route, mais en faisant viser son billet par le chef de gare.

Les voyageurs qui ne font que traverser le pays n'emporteront que quelques colis de main; ils laisseront leurs gros bagages à bord en les recommandant aux bons soins de l'agent de la Compagnie de navigation à Singapore, s'ils doivent y être débarqués.

b) 506 milles t. par la ROUTE *centrale péninsulaire.*

MER. — 368 milles m. Des services réguliers locaux de navigation vont de *Pinang* à *Singapore* avec escales dans les estuaires et les ports de la côte malaise : *Port Weld, Teluk Anson, Kuala Selangor,* PORT SWETTENHAM, *Por Dickson, Malacca.*

Les arrêts des trains *express* sont indiqués par un * astérisque placé après le nom de la station.

Pinang*. Les passagers montent au *pier* sur les vapeurs affectés au service du chemin de fer qui les conduisent en 26 minutes à la gare maritime de *Prai*, située sur la côte Ot de la presqu'île malaise.

Prai* (Buffet). Quais en eau profonde. Tête de ligne des voies ferrées sur Singapore et sur Bangkok.

3 m. 69, *Bukit Tengah.*

6 m. 40, *Bukit* Mertajam*. — Embranchement de la ligne sur *Bangkok,* par *Alor Star,* v. Siam, R. 9.

8 m. 41. *Alma.* Plantations, tapioca, caoutchouc, cocotiers. — 12 m. 01, *Simpang, Ampat.* — 16 m. 35, *Sungei Bakap.* — 20 m. 30, *Nibong Tebal *.

Passage de la rivière Krian qui sert de frontière entre la province anglaise de Wellesley et le district de Krian, de l'état de Pérak.

23 m. 20, Parit Buntar*. Buffet. Chef-lieu du district de Krian.

25 m. 59, *Simpang Lima.* — 28 m. 72, *Sungei Bogak.*

31 m. 38, *Bagan Serai*.* Centre d'irrigation. Cultures du riz, du cocotier, de la canne à sucre, de l'hévéa. Chasse de la bécassine de sept. à mars.

36 m. 25, *Alor Pongsu.* — 40 m. 57, *Bukit Merah.* Traversée de la rivière. On entre dans le district de Larut, de l'état de Pérak. — 47 m., *Pondok Tanjong.* — 50 m. 47, *Ulu Sapetang;* — La voie longe la chaîne de Semangol.

52 m. 45, *Krian Road*. — On aperçoit deux importantes mines d'étain, dans lesquelles travaillent de nombreux Chinois. — 50 m. 57, *Kamunling*.

59 m. 12, **T'ai-p'ing***. Buffet. R-H. Hôt. — Embranchement sur *Port Weld*.

T'ai-p'ing, 23.000 hab., capitale du sultanat de Pérak; Résidence. La ville est située au pied de la chaîne de collines des Larut Hills, dans une région de culture de l'hévea et d'exploitations de gisements stannifères.

Station Road coupe la ville en direction O.-E. : au S., le quartier chinois; au N., le quartier européen. Temple. Église. Banque. Écoles. Hôpitaux. Les rues sont plantées d'angsena, dont les larges feuilles donnent de l'ombrage.

Museum; collections de minéraux, de botanique, d'ethnographie.

A l'E., le *Parc*, avec des plantations d'arbres de la région. Recreation ground. Clubs. Champ de courses. Polo. Butte de tir.

EXCURSION : à *Larut Hill*, station d'altitude à 1.448 mèt., sur la chaîne de collines situées à l'E. de la ville (4 h. à la montée, 3 h. à la descente; s'adresse pour les chaises et les coulis-porteurs à la maison Taik-ho). On monte à travers la forêt; à 665 mèt. d'alt., plantation de théiers et pavillon de thé; à 1.340 mèt., cultures fruitières et maraîchères de produits européens. Villa du résident anglais (à 1.386 mèt.) et chalets d'habitation.

. CH. DE FER de T'ai-p'ing à *Port Weld*, situé dans l'O. : 2 m. 45, *Simpang*. — 4 m. 66, *Matang Road*. — 7 m. 17, *Port Weld*, sur un bras de mer, à 4 m. du détroit, port régional.

62 m. 46, *Ayer Kuning North*. — La voie commence sa pente pour franchir la chaîne qui sépare les petits bassins côtiers de celui du Sungei Pérak.

64 m. 16, *Bukit Gantang*. Du tigre dans les fourrés et basfonds de la montagne. — *Tunnels* à travers la chaîne de partage des eaux. A la sortie, vue sur le Mt Pondok, au pied duquel s'élève un récif calcaire en forme de pain de sucre, creusé de grottes. Ces cavités paraissent avoir été occupées aux temps préhistoriques; elles le sont actuellement par des chauves-souris.

71 m. 52, *Pandang Rengas*.

74 m. 78, **Kuala Kangsar***, 3.000 hab., R-H., siège de district, au confluent de la rivière de Kangsar et sur la rive dr. du fleuve de Pérak, dont le lit est navigable en aval. *Astana* (palais) du sultan de Pérak. Chambre du Conseil dudit état. Collège pour les étudiants malais.

EXCURSIONS : 1° *Menggelunchor*, à 3 m., trajet à dos d'éléphant. En pleine forêt de bambous, une chute d'eau tombe dans un étang. Les baigneurs peuvent monter au sommet de la cascade et se laisser descendre dans une glissière.

2º Descente du *fleuve* de Pérak jusqu'à *Teluk Anson* (70 m., en 3 à 4 j. statidn du ch. de fer. Prix variable; s'assurer de l'intervention de l'assistant du district). Chasse à la bécassine vers Parit, Bota, Pulau Tiga. Emporter un filet de pêche. Se méfier des crocodiles. Entreprendre l'excursion d'octobre à mars; avoir des approvisionnements pour cinq j.

83 m. 27, *Enggor*. Traversée de Sungei Pérak sur un pont de 7 travées de 45 mèt., achevé en 1900. Carrières de marbre.

86 m. 64, *Salak North*. — 91 m. 29, *Sungei Sipul*.

On quitte le district de Kuala Kangsar et on entre dans celui de Kinta. Des hameaux de Sakai existent dans les montagnes

99 m. 23, *Chemor*. — 104 m. 07, *Tanjong* Rambutan.

Dans l'E., la chaîne archéenne (sommets de 1.400 à 2.600 mèt.) sépare les états de Pérak et de Pahang.

112 m. 34, Ipoh*. Buffet. Hôt. — Embranch^t sur Tronoh

Ipoh, 38.000 hab., est le centre commercial le plus important de l'état de Pérak (district de Kinta).

La ville s'étend à l'E. de la gare sur les deux rives de la rivière de Kinta. *Tour de l'Horloge* élevée à la mémoire de sir E. W. Birch, premier résident anglais, massacré (1875) par les Malais. Government Office. Postes Télégr. Recreation Ground. Club. Temple, Église. Champ de courses. Terrain de golf.

A cheval sur les deux rives, le *People's Park*, avec un temple chinois et une mosquée malaise.

Dans le S., usines pour l'étain et pour le traitement électro-magnétique du wolfram. (Visiter une mine d'étain pendant les heures de travail.)

EXCURSIONS : 1. *Rock Temples*, à 1 m. au N., grottes naturelles dans le M; Chiroh, converties en sanctuaires. Carrière de marbre.

2. *Mt Rapat*, à 3 m. 1/2 à l'E., par la route de Gopeng. Vue au sommet sur la campagne et sur plusieurs exploitations minières, dont celles de la Compagnie franç. de Tekkah.

CH. DE FER d'Ipoh à *Tronoh*, trajet en 50 min.; dix trains par j. : 2 m. 93, *Menglembu*. — 4 m. 86, *Lahat Town*. — 7 m. 78, *Papan*. — 8 m. 84, *Pusing*. — 11 m. 28, *Siputeh*. — 14 m. 77, *Tronoh*, centre minier.

La voie descend la vallée de la rivière de Kinta.

116 m. 43, *Lahat*.

121 m. 26, *Batu Gajah**, coquet petit centre, siège du district de Kinta. Église. Clubs.

126 m. 70. *Kota Bharu*. — La voie franchit la rivière Teja, puis la rivière Kampar, affluents de la rivière Kinta.

135 m. 39, *Kampar**, centre minier, siège de la « Sté des étains de Kinta ».

140 m. 15, *Temoh*.

ROUTE. Service automobile de Temoh sur *Chenderiang* situé à 6 m. dans l'O. trajet en 30 m.; 8 départs dans chaque sens.

144 m. 74, **Tapah Road*** au centre d'exploitations de gisements d'étain. Buffet. — Embranchement sur *Teluk Anson Wharf.*

Service automobile (en 30 min.; 6 départs) sur Tapah Town, à 6 m. dans le N.-E., R.-H.

CH. DE FER de *Teluk Anson* (trajet en 50 min.; trois voyages dans chaque sens). Tapah Road. — 8 m. 26, *Chikus.* — 16 m. 65, **Teluk Anson,** R.-H. — 17 m. 78, *Teluk Anson Wharf*, buffet; port du district de Lower Perak, sur le fleuve Pérak, à 26 m. de la mer par les méandres du cours d'eau navigable aux vapeurs. Service de vapeurs sur Pinang effectué par la « Straits Steamship Co ».

De Tapah à Tanjong Malim, la voie ferrée et la route coupent à travers la jungle.

152 m. 32, *Bidor.* — Passage des rivières Bidor et Bikam.

160 m. 40, *Sungkai*.* — Traversée de la rivière Sungkai.

Le chemin de fer longe la réserve forestière de Trolak (peuplements de *Ficus elastica*, qui donne la gutta-percha).

169 m. 61, *Trolak.*

174 m. 79, *Slim River.* Passage de la rivière.

182 m., *Behrang.* Traversée de la rivière.

La voie ferrée et la route remontent le fleuve Bernam, limite entre les états de Perak et de Selangor, dont le val se tient au pied d'une longue chaîne de hauteurs. Dans le N.-E., le Mᵗ Liang (1.940 mèt.).

188 m. 50, **Tanjong Malim*.** Buffet R.-H. Traversée du Bernam, cours d'eau frontière.

191 m. 73, *Kalumpang.* — 197 m. 38, *Kerling.* — On aperçoit le Mᵗ Semangko dans le N.-E.

203 m. 40, **Kuala Kubu,*** chef-lieu du district d'Ulu Sélangor. R-H. Centre minier.

A 9 m. dans l'E., la station d'altitude de *Bukit Kutu*, à 975 mèt.

ROUTE. — Kuala Kubu à *Kuala Lipis* (83 m.), service automobile, trajet en 7 h. 30.

La route se dirige vers le N.-E. et remonte pendant 16 m. la vallée de la rivière de Selangor par Sangka Dua. Elle franchit au *Gap* la passe de Semangko, limite des États de Sélangor et de Pahang. Au S., le Mᵗ Ulu Semangko (1.390 mèt.); au N., à 5 m. 1/2, par bonne route, *Fraser's Hill*, station d'alt.

Descente pendant 13 m. jusqu'à *Tranum* (service d'auto vers le S. sur *Bentong,* R.-H.) et à *Tras. Raub* (mine d'or). *Kuala Lipis*, capitale de l'État de Pahang, sur le Sungei Jelai; station de ch. de fer sur la ligne de Kelantan.

Traversée du fleuve Sélangor.

206 m. 70, *Rasa*, centre minier. — 210 m. 05, *Ulu Yam.* — 214 m. 15, *Sungei Tampeian.*

217 m. 15, **Sérendah.** R-H. Centre minier.

219 m. 60, *Sungei Choh.*

222 m. 45, **Rawang***. R-H. Centre minier.

227 m. 16, **Kuang.**

Cr. DE FER sur *Batang Berjuntai* : 3 m. 1/2, *Kundang*. — 8 m., *Batu Arang*. Charbonnages alimentant les chemins de fer de la péninsule. — 11 m. 1/2, *Badong Halt*. — 14 m., *Batang Berjuntai*, embarcadère sur le Sungei Sélangor.

231 m. 30, *Sungei Buloh*. — 235 m. 13, *Kepong*. — 238 m. 01 *Segambut*.

242 m. 17, **Kuala Lumpur***. Hôt. — Embranch[t] sur Port Swettenham et sur Kuala Sélangor, de la côte O.

Kuala Lumpur (82.000 hab.) est le siège du sultanat de Sélangor et la capitale administrative de la Fédération des États malais.

Arrêt de 1 h. 15 à 2 h. pour les express. Visiter la ville. Bains et salon de coiffure à la gare.

La ville est adossée à l'O. à une colline. Au pied, passe la rivière Klang, qui traverse la cité du N. au S. et la coupe en deux : à l'O., le quartier européen; à l'E., la ville asiatique. Les rues sont bien ombragées.

En sortant de la gare, prendre à g. Damansar Road,; à dr., le *Museum*, puis l'entrée du *Public Garden*, de 70 hect.; au delà le Government House. Suivre Garden Road entre le lac et la colline; à g., Lake Club; au rond-point de Seven Dials, continuer par Club Road; à dr., Empire Hôt. et le R-H., à g., le Temple; traverser le passage à niveau, à dr., le Selangor Club et le Padang (terrain de jeux), le *Government Office*, de style arabe, façade de 146 mèt. de développement, tour de 39 mèt. de haut. Passer le pont au-dessus du chemin de fer pour retourner à la gare.

Sur la rive dr., l'église, le Palais de Justice. Jardin d'essai pour les plantes tropicales.

ENVIRONS : *Dunsun Tua*, à 16 m. E. par bonne route. Sources thermales salées et sulfureuses.

CHEMINS DE FER : 1º Kuala Lumpur à *Ampang*, à l'E.

2º Kuala Lumpur à *Batu Caves*, au N. (3 trains par j.; trajet en 35 min.). — 3 m. *Batu Road*. — 3 m. 35, *Central Workshops*, ateliers de construction de wagons, de montage et de réparation de locomotives. — 5 m. 20, *Batu Village*. — 6 m. 50, *Kent*. — 7 m. 50, *Batu Caves* : belles grottes, profondes, dans les récifs calcaires.

3º Kuala Lumpur à *Port Swettenham* (27 m.; traj. en 1 h. 30; 7 trains), et à *Kuala Selangor* (47 m.). — 3 m. 50, *Puntai*. — 4 m. 55, *Petaling*. — 7 m. 50, *Sungei Way*. — 12 m. 28, *Batu Tiga*. — 14 m. 40, *Sungei Renggam*. — 17 m. 60, *Pandang Java*. — 19 m., *Connaught Bridge Junction* (embr. de 30 m. sur *Kuala Selangor*, traj. en 1 h. 45, à travers un pays de cultures de l'hévéa).

21 m. 40, Klang, R.-H., résidence du sultan de Selangor.

27 m. 01, Port Swettenham. Buff. Cité maritime, en arrière d'îles basses et à l'embouchure du fleuve Klang. Les vapeurs y viennent prendre les produits miniers du district de Kuala Lumpur.

Au S., route sur *Morib*, belle plage de sable.

242 m. 63, *Sultan Street*. — 244 m. 01, *Pudu*. — 246 m. 43, *Salak South*, briqueterie.

250 m. 64, Sungei Besi * centre minier du district de Kuala Lumpur.

252 m. 79. *Serdang*.

259 m. 79. Kajang*. R-H., Chef-lieu du district d'Ulu Langat. Centre de plantations d'hévéas.

266 m. 15, *Bangi*. — 271 m. 14, *Batang Benar*. — 275 m. 19, *Sepang Road*. — 279 m. 61, *Labu*. — 281 m. 55, *Lebu Village*.

288 m. 36, Séremban*. Buff. R-H. Siège résidentiel des *Negri Sembilan* « Neuf principautés ». — Embranch^t sur *Port Dickson*. Service automobile sur Kuala Pilah.

Séremban (18.000 hab.) est la capitale des Negri Sembilan. Temple. Église. Dans la région, plusieurs exploitations minières stannifères.

ROUTE. Service auto : Seremban à *Kuala Pilah* (24 m.; traj. en 2 h. 30; 2 services par j.). Arrêts à *Godong Lalang; — Foot of Pass; — Top of Pass* à 290 mèt. d'alt., Bukit Putus, d'où un chemin conduit à la station d'alt. de *Sri Menengok* à 801 mèt. d'alt. dans le massif du Gunong Angsi; — *Ulu Bendul; — Terachi; — Sri Menanti Road Jonction;* au S., se détache la route de Sri Menanti, résidence du sultan, d'architecture malaise. — *Kuala Pilah*, chef-lieu de district, R.-H., sur la ligne E. de Gemas à Kelantan.

CH. DE FER. Seremban à *Port Dickson* (24 m. 86; 4 trains par j.; traj. en 1 h. 30). — 2 m. 05, *Rassak*. — 4 m. 75, *Mambau*. — 8 m. 87, *Kuala Sawah*. — 13 m. 43, *Siliau*. — Sirusa. — 24 m. 86, Port Dickson, R.-H., port de mer sur le détroit de Malacca. Station balnéaire, avec une belle plage de sable rappelant celle de Lavinia, près de Colombo.

294 m. 36, *Sungei Gadut*.

299 m. 47, *Pedas*, dominé par le soulèvement du Gunong Angsi.

303 m. 10, *Rembau* *, dans une jolie vallée couverte de rizières, de vergers, de plantations d'hévéas.

306 m. 18, *Chengkau*. — 311 m. 46, *Kendong*. On entre dans le district anglais de Malacca.

318 m. 58, Tampin.* Buffet.

CH. DE FER. Tampin à *Malacca* (21 m. 13; traj. intéressant en 1 h.; 4 trains). — 2 m. 50, *Gadek*. — 7 m. 60, *Alor Gajah*. Sépulture de soldats anglais morts pendant la guerre de 1832. — 11 m. 06, *Belimbing*. — 17 m. 80, *Batu Berendam*. — 21 m. 13, *Malacca*.

Malacca, R.-H. près de la gare. Chef-lieu de district des Straits Settlements; ville la plus anciennement occupée en Extrême-Orient par les Européen s; 33.000 hab.

Ancien centre malais, fut autrefois un site bouddhiste. La découverte d'un *makara* en grès, sur la colline St-Paul, démontre que le lieu fut, avant le X° s., une station maritime de civilisation hindoue. En 1377, les Javanais ayant détruit l'empire malais de Palembang, des réfugiés de cet État vinrent se fixer à Malacca, où les Portugais s'établirent en 1511. Les Hollandais se rendirent maîtres de la place par surprise, en 1641; les Anglais l'occupèrent en 1795, lorsque les Français entrèrent en Hollande. Le traité de Vienne (1814) restitua la ville à la Hollande, qui en prit possession en 1818. En 1824, les Anglais recouvrèrent Malacca en cédant aux Hollandais leurs droits sur Benkulen et sur la côte O. de Sumatra.

La ville est divisée en deux quartiers par la rivière; à dr., le *quartier chinois*, à g., la colline St-Paul, où s'élevait naguère le fort hollandais, et l'église ruinée de *Nossa Senhora da Annunciada*, qui abrita les restes de St François Xavier, mort à Sancian, avant leur translation à Goa; au pied de la colline et en façade sur la mer, quelques vieilles maisons portugaises et la porte fortifiée d'Albuquerque.

Derrière la colline, les casernes. — *Église* catholique française.

Au N. de la ville, l'église catholique portugaise de *St-Pierre* de Bunga Raja; cloche de 1698.

ENVIRONS :

7 m. au N.-O., *Tanjong Kling*, Bungalow, bains de mer.

16 m., *Ayer Panas*, source thermale.

322 m. 18, *Keru*. — 327 m. 67, *Tebong*. — 334 m. 50, *Batang Malaka*. On sort de la colonie de Malacca pour rentrer dans l'état de Negri Sembilan. — 339 m. 68, *Ayer Kuning South*.

351 m. 13, Gemas*. Buffet. Station sur la rive g. de la rivière du même nom.

CH. DE FER. Embranch¹ du transmalaisien de Singapore à Bangkok, par la côte E.

Cette voie ferrée dessert les États malais de Pahang et de Kelantan, pa *Kuala Lipis* et *Pasir Mas*. A *Sungei Golok*, elle rejoint le réseau siamois (v. SIAM, R. 9).

Les deux branches, O. et E., des voies malayo-siamoises, ouvertes dans le S. à *Gemas*, se referment dans le N., en territoire siamois, à *Haad-Yai Junction*, la branche O. ayant parcouru près de 780 kil., et la branche E. un peu plus.

La voie ferrée entre dans le sultanat de Johore. La plaine étendue, l'uniformité du paysage, rendent désormais le parcours assez monotone, et le voyageur effectue ce trajet la nuit de préférence. Autour des stations, des plantations étendues d'hévéas.

357 m. 67, *Batu Anam*. — 362 m. 61, *Buloh Kasap*, sur la rive g. du fleuve Muar. — 367 m. 36, *Segamat* *, rivière. — 376 m. 30, *Tenang*. — 385 m. 46, *Labis**. — 395 m. 41, *Bekok*. — 404 m., *Paloh*. — 414 m. 02, *Niyor*.

419 m. *Kluang**, sur une route réunissant les ports de *Mosing* (côte E) à *Bandar Penggaram* (côte O.). Dans l'E., les ramifications de Mᵗ Blumut (985 mèt.). — 423 m. 09, *Mengkibol*. — 431 m. 14, *Rengam*. — 438 m. 41, *Layang-layang**. 466 m. 69, *Sedenak*. — 453 m. 03, *Kulai*.

458 m. 28, *Senai*, dans une région de collines élevées.

468 m. 44, *Tampoi*.

472 m. 61, Johore Băhru*, Hôtel. « La nouvelle Johore », pour la distinguer de *Johore Lâma*, « vieille Johore », située à 4 milles de l'estuaire de la rivière. Capitale du sultanat de Johore, située sur le 1º 26′ de latitude N., compte 25.000 hab. Lieu renommé par ses maisons de jeux fréquentées par les Chinois et les Malais.

Rikiska. Se faire conduire au Palais du Sultan et à la maison de jeux.

Istana, palais du sultan, élevé dans un beau parc planté de palmiers; cages des tigres et des panthères.

Mosquée. *Gambling Houses*, « maisons de jeux ». *Esplanade* qui s'étend sur plus de 2 milles de long.

La voie ferrée franchit le bras de mer, *Selat Tebrau*, large de plus d'un mille, par une digue achevée en fin 1923. La nouvelle base navale anglaise est à l'E. Cette digue a absorbé un million de tonnes de blocs de granit. Sa plate-forme est large de 18 mèt. 30, et une route et deux voies ferrées y reposent. Une écluse facilite le passage des bateaux côtiers, et un pont de 570 tonnes basculant par l'électricité permet celui des trains et des voitures.

474 m., *Woodlands*, première station dans l'île de Singapore.

479 m., *Bukit Panjang*.

482 m., *Bukit Timah*, au pied de la colline granitique la plus élevée (174 mèt.) de l'île et du sommet de laquelle on a une vue étendue jusque vers Johore.

484 m., *Cluny Road*.

486 m., *Newton**.

489 m., Tank Road*, station principale de SINGAPORE, située à l'O. de Fort Canning et à 1/2 mille du quartier des hôtels.

La voie ferrée continue vers le port : *Borneo Wharf*, en arrière du quai où accostent les grands paquebots étrangers; — *Passir Panjang*, desservant le nouveau port.

3. Singapore.

PORT. ARRIVÉE. Le paquebot venant des Indes pénètre par la passe O. dans un vaste port bien protégé au S. par l'île de *Blackang Mati* et par l'îlot de *Pulau Brani* (fonderies d'étain). Cette rade sert de base navale aux flottes commerciales et militaires britanniques opérant dans cette partie du monde, aussi les îles et la côte sont-elles puissamment fortifiées (ne pas prendre de photographies du littoral, ni des alentours de la ville).

Sur la rive N., s'étend le port avec ses nombreux quais (la ville s'étale au N.-E.). Le paquebot défile devant *Keppel Harbour Docks*, la station du câble les bassins de radoub, l'usine électrique, les ateliers du port; le sémaphore, sur le mont Faber, d'où l'on a une belle vue sur la rade. — Le *Quai de la P. and O.*, pouvant recevoir deux gros paquebots (la ville est à 4 m., tramway). — *Jardine's Wharf*, long de plus d'un mille, sert d'accostage aux *Messageries Maritimes* et aux lignes japonaises; ferry militaire pour Blackang Mati et Pulau Brani.

Plus à l'E., l'entrée d'une cale sèche et encore des quais : le nº 6, pour la *Blue Funnel Cº*; les nᵒˢ 5, 4, 3 pour les cargos, le nº 2 pour la *British India;* ensuite, c'est la Direction du port, le quai nº 1 pour les cargos, puis encore d'autres quais.

Le tramway et le chemin de fer relient les quais à la ville : Borneo-Wharf est à 2 m. 1/2 (4 kil.) du quartier des hôtels. — Singapore est un port franc.

Singapore est la porte méridionale de l'Asie orientale. C'est ici que beaucoup de passagers font connaissance avec une vie nouvelle, celle du monde d'Extrême-Orient, et avec un peuple très particulier, le Chinois. Ces Asiatiques, originaires du midi de leur empire, viennent nombreux dans les pays équatoriaux de la Malaisie et de l'Insulinde, apportant dans toute entreprise leur esprit d'association et de labeur permanent. Ce sont leurs bras et en partie leurs capitaux qui ont si merveilleusement développé les États malais. Ici, plus qu'ailleurs, les grandes entreprises sont entre leurs mains : les Chinois entrent pour plus d'un tiers dans la population totale de la péninsule.

GARE. *Tank Road*, station centrale, à l'O., sous le feu du Fort Canning, à 1/2 mille du quartier des hôtels.

Ch. de fer de Singapore à *Johore* (16 m., en 58 min.), à *Pinang* (787 k., en 23 h., v. R. 2; prix, 31 $ 06 en 1ʳᵉ cl.), et à *Bangkok* (1.953 k.; express, traj. en moins de 3 jours, v. SIAM, R. 9). — *b)* à *Gemas*, bifurcation de la voie de *Kelantan.*

Change : Le *dollar* des Straits Settlements est la monnaie officielle de la colonie, mais les billets anglais sont également acceptés.

Le décret du 29 janvier 1906 a fixé à 2 s. 4 le cours du dollar local.

Hôtels : voir INDEX TOURISTIQUE.

Poste. Bureau central près du pont Cavanagh. — *Télégraphe*, près du marché, sur le Raffles Quay, ouvert jour et nuit. Prix : voir INDEX.

L'heure légale avance de 7 h. sur celle de France.

Cultes : CATHOLIQUE. Le vicariat apostolique de la Malaisie est dirigé par les membres de la Société des Missions étrangères de Paris, cependant, deux anciennes paroisses portugaises, à Singapore et à Malacca, continuent de relever de Macao. — *Bon-Pasteur* (service à 6 h. 30 et à 8 h.), Bras Basah Road, cathédrale de la mission française; *St-Pierre-et-St-Paul*, église franco-chinoise. *St-Joseph*, Victoria Street, église portugaise relevant de l'évêque de Macao.

PROTESTANT, *St-Andrews*, cathédrale de l'Église anglicane, sur l'Esplanade (Évêque de Singapore, Labuan et Sarawak). — Presbyterian Church, Orchard Road. — Methodist Episcopal, Coleman Street Church.

Église arménienne de *St-Grégoire*, Hill Street. *Synagogue* « Maghain Aboth », Waterloo Street.

EMPLOI DU TEMPS. Les passagers ne disposant que de quelques heures parcourront rapidement le port, la ville asiatique, le *Jardin botanique* à Tanglin, les *Réservoirs d'eau* de Thomson Road, *Raffles Museum*, Orchard Road, à 1/2 mille des hôtels, le *temple* de Kim-Kiat-Road (par Balestier Road), et « Happy Valley », proche des quais.

Les voyageurs connaissant déjà Singapore pourront en quelques heures d'automobile, ou de tramway, aller déjeuner à *Sea View* de Tanjong Katong (plage) et Changi. D'autres préféreront sortir de l'île et se rendre à *Johore* pour visiter le palais du Sultan ainsi qu'une maison de jeux (v. R. 2; trains toutes les heures; trajet en 58 min.; prix, 1 $ 14 et 60 cents).

Singapore, capitale des Straits Settlements, est surtout une agglomération chinoise, située dans une île au S. de la péninsule malaise à 143 k. au N. de l'Équateur. Les coordonnées astronomiques de son Observatoire sont 1° 17' 13" de latitude N. et 103° 51' 15" de longitude E. de G.

La population est de 362.597 hab. (1921).

On comptait alors 5.192 Européens, 4.644 Eurasiens, 34.890 Malaisiens, 28.184 Hindous, 5.512 divers et 284.175 Chinois du S. — La mortalité était de 32 env. pour 1.000, mais seulement de 11 pour les Européens.

Son port a reçu 42.154 bâtiments (vapeurs et jonques) ayant un tonnage de 20 millions de T. (1922).

Ce havre est un des plus importants du monde sous le rapport tant du tonnage que des vaisseaux qui le fréquentent, le plus souvent pour se ravitailler en vivres frais et reconstituer leur stock de charbon; il est classé le dixième dans l'énumération des ports mondiaux pour le tonnage des marchandises. Ses quais sont nombreux et étendus; les docks sont vastes; les dépôts de charbon importants. Le port est un point d'appui de la flotte anglaise; ses passes sont défendues par des mines sous-marines et par des batteries bien armées. La garnison active est d'environ deux mille huit cents hommes.

Singapore comprend trois parties : le port, la ville commerciale avec son immense quartier indigène, enfin les résidences européennes disséminées le long des routes, dans le décor charmant d'une végétation luxuriante.

Le mot Singapore (Singapoure) vient de *Sinhapura*, « la ville du Lion », soit que ce site ait été jadis une dépendance de l'antique dynastie ceylanaise vouée à ce tothem, soit de la découverte d'un vestige archéologique de *sinha*.

Au début du XIX° s., on mit à jour à l'entrée et sur la rive droite du fleuve une stèle de grès rouge avec une inscription bouddhique du V° ou VI° s. Ce qui indique que la situation stratégique de l'île n'avait pas échappé aux anciennes populations maritimes de civilisation hindoue.

La ville anglaise de Singapore fut fondée le 6 février 1819 par le gouverneur Sir Stamford Raffles, qui obtint du Sultan de Johore la cession de l'île à l'Angleterre. La cité devint en 1837 le siège du Gouvernement des divers établissements anglais de la presqu'île malaise.

Les passagers quittant les quais prendront le tramway électrique allant par les ponts *Anderson* (1910) ou *Elgin*, soit à la gare, soit vers Gayland en traversant la ville chinoise (S.), puis le quartier européen (au C.); plus au N., le kampong malais.

Sur *Rafles Quay*, *Collyer Quay*, *Raffles Place* et dans les rues avoisinantes sont installées les agences maritimes, commerciales et bancaires européennes, les consulats.

Au *marché*, on trouvera, le matin, les poissons et les crustacés des mers de l'Insulinde et les fruits tropicaux, ananas, durions, mangos, mangoustans, ramboutans, canne à sucre, etc.

En arrière, s'étend la *ville chinoise*, intéressante par le mouvement de ses rues, les magasins, les maisons de thé, les théâtres, les temples des congrégations de Canton, Hokkien, Teo-chin, Khek.

Sur les quais, près de la rivière, la *Bourse* (Exchange) et la Chambre de commerce. L'Hôtel des Postes (General Post Office).

Sur la rive g., le quartier européen. *Government Offices;* — *Town Hall* (Hôtel de Ville); sur la façade, une représentation bouddhique de l'éléphant sacré, emblème royal siamois, pour commémorer une visite (1871) du souverain du Siam; *Queen Victoria Memorial Hall* avec une salle de spectacles; — *Supreme Court.* — *Obélisque* en souvenir du marquis de Dalhousie.

Europe Hôtel. Cathédrale anglicane *St-Andrew*, dans le style gothique.

Le long du rivage, l'*Esplanade*, ou *Raffles Plain*, sur laquelle se jouent des matches de football, de cricket, de hockey, etc.; concerts. Statue du fondateur de Singapore (1781 à 1826). — Dans le prolongement de la promenade, *Raffles Institution* (Collège), et *Raffles Hôtel.*

Par *Bras Basah Road*, la Cathédrale catholique du *Bon Pasteur;* on contourne *Fort Canning* à 47 mèt. d'alt. — Au début de Orchard Road, *Raffles Museum* (de 9 h. 30 à 18 h.) contient des collections : ethnographique, zoologique et minéralogique; sa bibliothèque compte 25.000 volumes. — Sur la dr., *Government Hill*, avec la Résidence du Gouverneur élevée à 43 mèt. d'alt.; — au delà les *Réservoirs de* Thompson Road.

Dans l'O. de Orchard Road, le Jardin Botanique, à 3 milles de la ville, dans le district de Tang-lin. C'est un des plus importants jardins scientifiques de l'Asie équatoriale (25 hect.), cité au même titre que ceux de Peradeniya (Ceylan), de Buitenzorg (Java), de Saigon (Cochinchine).

Au delà, le palais *Tyersall*, du sultan de Johore, construit en 1892.

ENVIRONS : *Tanjong Katong*, station balnéaire au N.-E.; tramway; hôtel.

Le *Gap*, promenade à 6 milles au S.-O., par Buona Vista Road.

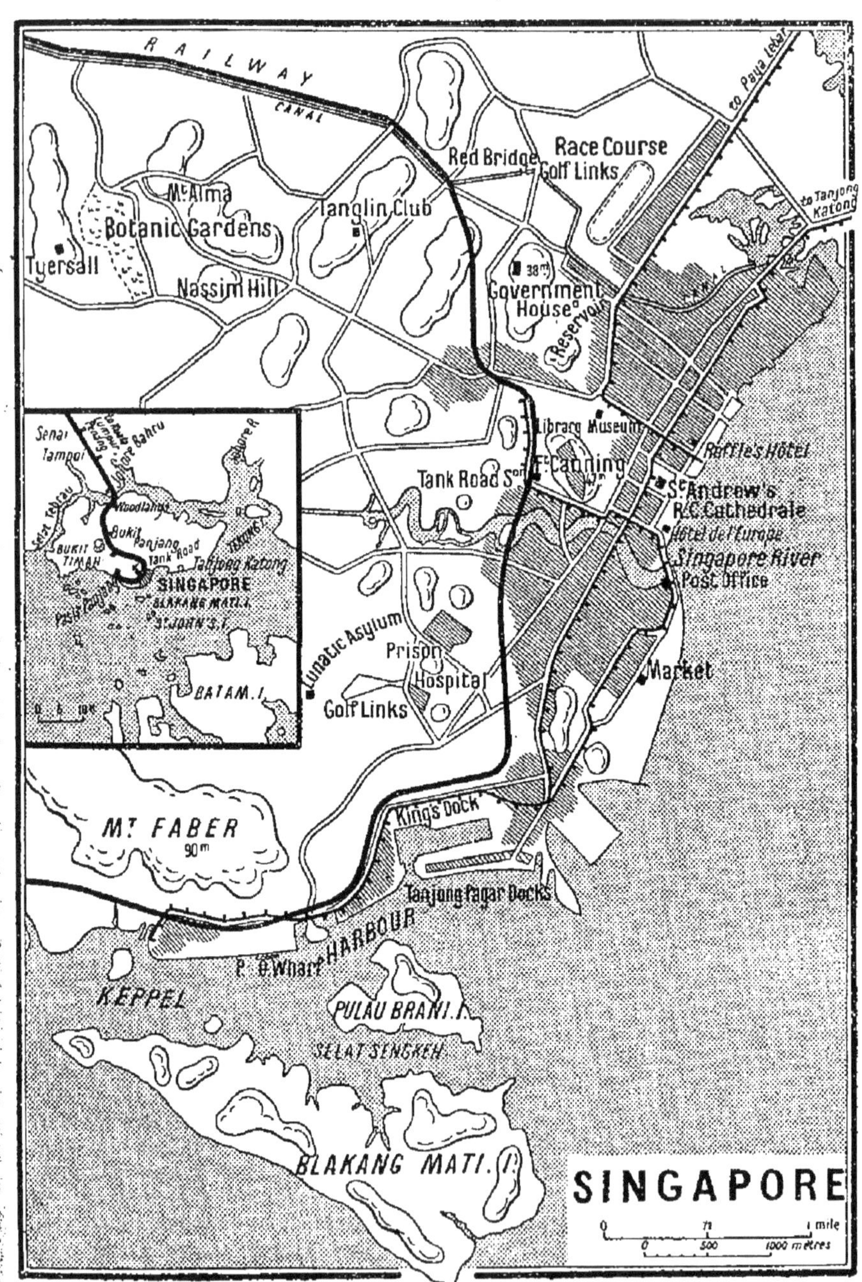
RAILWAY
CANAL
to Paya Lebar
Red Bridge
Race Course
Golf Links
Mt Alma
Tanglin Club
Botanic Gardens
Tyersall
Nassim Hill
to Tanjong Katong
38 m
Government House
Reservoir
Library Museum
Ft Canning
Raffle's Hotel
Tank Road Son
St Andrew's
R.C. Cathedrale
Hotel de l'Europe
Singapore River
Post Office
Lunatic Asylum
Prison
Hospital
Golf Links
Market
King's Dock
MT FABER
90 m
Tanjong Pagar Docks
P. O. Wharf
HARBOUR
KEPPEL
PULAU BRANI I.
SELAT SENGKEH
BLAKANG MATI. I.
SINGAPORE
0   1/2   1 mile
0   500   1000 metres
Senai
Tampoi
Johore Bahru
Johore R.
Woodlands
Bukit Panjang
Tank Road
BUKIT TIMAH
Tebong
Tanjong Katong
SINGAPORE
BLAKANG MATI I.
St JOHN'S I.
Pasir Panjang
Selat Tebrau
BATAM. I.
0   5   10 m

Vers l'Extrême-Orient.

I. Singapore à SAI-GON.

648 m. — Sur le parcours, les paquebots relèvent la position du phare de Pulo Condor. Ils règlent alors leur course pour arriver à l'entrée de la rivière de Sài-gòn avec la marée montante.

De Sài-gòn à *Hong-kong*, 934 m.

II. Singapore à HONG-KONG.

1.440 m. — Les paquebots, pour éviter les récifs des Paracel, tracent une courbe vers l'Indochine et rectifient leur marche en repérant le feu du cap Padarang, situé à peu près à mi-route.

INDEX TOURISTIQUE

Les édifices à l'usage des voyageurs portent les noms d'*Hôtellerie*, d'*Hôtel*, et même de *Palace*.

Des habitations d'étapes, plus modestes, sont dénommées *Bungalow*.

Ce terme étranger vient du mot hindî *Bangla* « maison » (sala, cai-nha) et s'emploie dans toute l'Inde aux habitations à un seul étage occupées même par des fonctionnaires européens dans les cantonnements. Au contraire, lorsqu'il s'agit d'une construction pour recevoir des voyageurs, le terme hindou est *Dak-Bungalow* « maison de poste ». Là, les chambres ne se retiennent pas d'avance, mais sont occupées par ordre d'arrivée et pour 24 h.. afin de laisser la place au voyageur suivant.

En Indochine, ces gîtes d'étapes pourraient rappeler certaines « maisons des passagers », tandis que les édifices y dénommés *Bungalows* sont généralement organisés en *Hôtelleries*, avec restaurant, parfois avec éclairage électrique et eau courante.

Il serait préférable de ne pas abuser du terme hindou, parce que, mal approprié, il peut faire croire aux touristes de langue anglaise que l'Indochine n'est pas encore préparée pour recevoir un public exigeant plus de confort.

* * *

Pour éviter toute attente à l'étape, pour trouver un repas préparé, une chambre prête, *prévenir* la veille le gérant de l'*Hôtellerie*. Indiquer le nombre des voyageurs, l'heure approximative de l'arrivée, et signer. Contremander à temps en cas d'empêchement. — Pour les télégrammes, se servir des abréviations adoptées par le Code des Hôtels d'Extrême-Orient.

Il est recommandé aux touristes étrangers de se faire accompagner d'un *Boy* dans leur randonnée à travers la colonie. Ce domestique devra être muni de bonnes références et connaître la langue des populations avec lesquelles il doit prendre contact.

Pour les séjours dans les *stations d'altitude*, emporter de bonnes chaussures pour la marche et quelques vêtements de laine, car les soirées sont toujours très fraîches.

* * *

Les escales

de Marseille à Sàigon :

CEYLAN, MALAISIE

A Ceylan et en Malaisie, les gîtes officiels d'étapes portent le nom de *Resthouse ;* aux Indes, de *Bungalow.*

A Ceylan, on se sert de la monnaie des Indes, la *roupie ;* en Malaisie britannique, du *dollar* (piastre).

Anuradhapura ⊠ ✝ 🛏 🚗

Hôtels : 🏠 *Anuradhapura H.,* près du Jardin Botanique. 15 ch. Repas, 2 Rs. 50 et 3 Rs.

🏠 *Resthouse,* près du Ruwanweli-Dagoba.

🛏 de Colombo.

🚗 et Voitures, s'adresser aux Hôtels.

Voiture, 1 heure, 1 R., et les suivantes, 25 c.; 6 h., 2 R. Après 19 h. 30, le prix est majoré d'un tiers.

Autobus postal d'Anurâdhapura à *Trincomali,* trajet en 6 h. 30; la place, prix 20 R. Arrêts à *Mihintale* (ruines), à Horavapotana, à *Kanniya* (sources thermales).

Bandarawela ⊠ ✝ 🛏 🚗

Hôtel : 🏠 *Bandarawela Grand H.*

🛏 de Colombo.

Aden ⊠ ✝ Ⓣ s ✝ F 🚢 o

Hôtels à Tawahi : 🏠 *H. de l'Europe,* à l'extrémité de Prince of Wales' Crescent. o.

🏠🏠 *H. de l'Univers.* o P. dep. 10 Rs.

Monnaie employée est celle des Indes : la Roupie = 16 Anna; 1 anna = 12 pie.

Transports : Automobiles et voitures.

🚢 *Messageries Maritimes* y font toucher une fois par mois leur ligne d'Australie par Colombo.

Peninsular & Oriental Co., service hebdomadaire pour Bombay et pour Colombo.

British India Co., services réguliers sur Karachi, Bombay ou Ceylan à Calcutta, etc.

Alor Star ⊠ ✝ 🛏

🏠 *Resthouse.* Ch., 1 $ 50. — Repas. : thé, 25 cents; breakfast, 60 cents; tiffin, 1 $; dîn., 1 $ 25.

🛏 de Pinang à Bangkok.

Colombo ⊠ ✝ Ⓣ s ✝ F 🛏 🚗 🚢 o

Hôtels : 🏠🏠 *Galle Face H.,* Galle Face Road, à 14 min. du port en ricksha (pousse); bains de mer. o. Direct. parle anglais, français. 300 lits. Le soir, musique et danse. P. dep. 15 Rs. par j.

🏠🏠 *Grand Oriental H.,* en face du débarcadère. o. Direct. parle anglais, français. Musique pendant les repas. P. dep. 12 Rs. Ch. dep. 3 Rs. 50, et 5 R. (2 lits). Repas : pet. déj., 1 R.; déj. (9 h. à midi), 3 Rs.; tiffin (13 à 15 h.), 3 Rs.; dîn. (19 h. 30), 4 Rs. 50.

🏨 *Bristol H.*, York St., Fort. o. Direct. parle français, anglais. P. dep.
9 Rs. Ch. dep. 2 Rs. 75. Repas, 2 Rs. 50, 2 R. 50, 3 R. 50.

🏨 *H. Métropole*, près du Phare; maison suisse. Direct. parle le franç., l'angl.‘
l'allem. P. dep. 9 Rs. Ch. dep. 5 Rs.

🏨 *British India H.*, Flagstaff St. o.

🏨 *Globe H.* o.

A Mount Lavinia : 🏨 *Mount Lavinia Grand H.* o . Direct. parle le franç.,
l'angl. P. dep. 12 Rs. Ch. dep. 4 Rs. Repas : pet. déj. 3 Rs.; lunch, 3 Rs.;
dîn. à 19 h. 30, 4 Rs.; thé avec pain, beurre et gâteau, 1 R.

Rikiska, « Voiture à bras » (Rickshaw), ou Pousse-pousse. Course de jour
dans la Cité, ou Fort, 15 cents pour 10 min.; chaque demi-heure, 35 c.; une
heure, 50 c.; — la nuit, de 19 h. à 6 h., surtaxe de 5 c. par demi-h. — Pour
Mount Lavinia ou pour le Temple de Kelani, et ret., 3 R.

Tramways. Les voitures électriques traversent toute la ville; elles circulent :
1º de la Jetée vers la ville indigène et aux rives de *Kelani* (à 350 mèt. du pont);
— 2º de la Jetée à *Borella* (par la gare), à 3 m. S.-E. — Prix, en 1ʳᵉ cl., 10 c.
par mille.

🚕 1º « Taxi-Cab », 62 c. par mille, en ville; 75 c. à l'extérieur; — 2º en
location (nombreux garages), env. 1 R. 25 le m.; ou 10 R. l'h.; promenade à
Mt Lavinia (2 h. env.), 15 à 20 R.; à Negombo (4 h. all. et ret.), 40 à 50 R

Voitures : 1º à roues caoutchoutées, à un cheval, dans les limites de la muni-
cipalité, 75 c., par demi-heure; six h., 7 R. 50; pour Mt Lavinia, ou pour le
Temple de Kelani, 10 R.; — 2º non caoutchoutées, 50 c. la demi-heure; pour
Mt Lavinia ou pour Kelani, 6 R.

Club. *Colombo C.* et divers clubs sportifs.

Consulats : de *France*, Prince Building, Prince St.; — de *Belgique*, 19 Queen
St.; — d'*Italie*, 5 Prince St.; — d'*Allemagne*; — d'*Espagne*, Chatham St.; — de
Hollande, Gaffoor Building; — des *Etats-Unis*, Lloyds' Building, Prince St.

✉ Queen St. Lettres pour les Indes, 5 cents; — pour l'étranger, 15 c.

📡 Lower Chatham St. Télégr. pour Ceylan, dix mots, 25 c.; pour les Indes
douze mots, 1 R.; — pour l'Europe, 1 R. 55 le mot.

Monnaie. L'unité monétaire est la *Roupie* des Indes, mais divisée en *Cents*
(au lieu d'Annas et de Pies). — Des changeurs viennent à bord; on en trouve
aussi sur le port.

Tourisme : *Cook and Son*, Oriental H. Buildings, York St., Fort. — On
y trouve des renseignements utiles pour les excursions, des coupons d'hôtels,
des billets circulaires un peu moins cher que le tarif ordinaire. Changeurs.

🚂 1º Ligne du Centre : Colombo à Badulla; embranch., sur Kandy (63 m.),
Nuwera-Eliya (128 m. 6).

2º Ligne du N., par Anuradhapura (117 m. 29), etc.

Tarif : par mille, 10 c. 2/3 en 1ʳᵉ cl.; 6 c. 2/3 en 2ᵉ cl.; 3 c. 1/3 en 3ᵉ cl. Avec
le tarif de la 3ᵉ cl., les domestiques indigènes ont droit à un compartiment
spécial dans le wagon réservé aux Européens.

🚂 Excursion à *Kandy*, 72 m. en 3 h. 1/2 : location pour 4 voyageurs, 40 R.
chacun; pour 6 voy., 30 R. chacun; retour dans la même journée; ce prix
donne droit au lunch. — Si retour le lendemain, 10 R. en plus, compris repas
et chambre (voir Cook).

🚢 1º Sur Singapore, l'Insulinde et l'Extrême-Orient; — 2º sur l'Australie; — 3º sur les Seychelles et l'Afrique Orientale; — 4º sur Marseille et
les ports de la Méditerranée; — 5º sur Colombo et les ports des Indes, du
Golfe Persique. .

Compagnie des *Messageries Maritimes*, 5 Prince St.; — *Peninsular & Oriental
S. N. C.*; etc.

Banques : *Imperial B. of India*, 6 Baillie St., Fort. — *Chartered B. of India,
Australia, China*, Queen St., Fort. — *Honghong and Shanghai B. C.*, Prince
St., Fort. — *The Mercantile B. of India*, 2 Queen St. — *The Eastern B.*, 33
Chatham St.; etc.

Libraires. *Ferguson Co.;* — *H. W. Cave Co.;* tous deux Queen St.

Djibouti

Hôtels : *H. Continental*, place Ménélik.
H. des Arcades, place de la Poste, à 2 min. de la gare et du débarcadère.
Direct. parle l'anglais, français. Repas de 11 h. à midi et à 19 h. 30.
de *France*, place de la Poste. Salle de bain.
Prix : ch., de 10 à 25 frs; repas, de 10 à 12 frs (b. n. c.).

Transports de la rade à la digue.
Embarcations à rames, par passager, 1 fr. (de 6 h. à 19 h.) et 1 fr. 50 de nuit;
par colis, 50 c.
Vedettes automobiles, par passager, 2 frs le jour, et 3 frs la nuit.

Voitures, dites Gharris. L'heure, 3 frs le jour, et 5 frs la nuit; — même prix pour Ambouli.

en location, l'heure 20 frs env.; même prix pour effectuer le tour par Ambouli.

Le bureau est à 500 mèt. du débarcadère. Le tarif postal est celui adopté en France.

Par câble, le mot pour l'Europe, env. 12 frs 85 ou *en différé*, 6 frs 50.
Un puissant poste de T. S. F. communique directement avec la France et avec Saigon.

Câble sur Obok et Périm.
B. de l'Indochine.

Culte. Église catholique, desservie par les Capucins français. — Couvent des Sœurs franciscaines.

Hôpital.

De Djibouti à Addis-Abéba, 784 k. — *Hôtels* et Buffets sur la ligne.

Escale des paquebots français allant de France aux Indes et en Extrême-Orient ou en Australie, d'une part; à Madagascar, d'autre part.
Compagnie des *Messageries Maritimes* ; — Compagnie des *Chargeurs Réunis* ,
— Compagnie de l'*Afrique Orientale*, maritime et commerciale (Compagnie de navigation en Mer Rouge); dép. le mercredi pour Aden (arr. le jeudi matin), prix 50 Rs. en 1re cl.

Hatton

Hôtel : *Adam's Peak H.* 32 ch. P. dep. 9 R. Ch. dep. 2 R. 50. Repas : déj.
(9 à midi), 2 R. 25; tiffin (13 à 14 h. 30), 2 R. 25; dîn. (19 h. 30), 3 R.
Garage, 1 R..

Ipoh

Hôtel : *Station H.*, à la gare. P. dep. 9 $. Une ch. 5 $ 25. Repas, déj. 1 $;
tiffin, 1 $ 25; dîn., 1 $ 75.

de Pinang à Singapore.

Johore

Hôtel : *Johore H.* P. dep. 7 $.

de Singapore à Pinang.

Kandy

Hôtels : *Queen's H.*, à 5 m. de la gare en pousse, vue sur le lac. O.
Ch. dep. 3 Rs. 50.
H. Suisse, Victoria Drive Kandy, face au lac, à 8 m. de la gare. O.
Direct. parle français et anglais. 150 lits. Asc. P., dep. 10 Rs. par

jour, et 15 Rs. pendant la saison (novembre à juin). Repas seuls, thé,
1 R.; breakfast, 2 Rs. 50; lunch, 3 Rs. 50; dîn., 4 Rs. Ch., dep. 3 Rs. 50,
et pour deux pers. dep. 7 Rs. P. du serviteur indigène, 2 Rs.

Florence H., à 10 m. del a gare. H. avec pavillons séparés dans un parc.
32 lits. o. P. dep. 10 Rs.

Empire H., sur Victoria-Esplanade. 10 ch. o.

Oriental & Occidental H., Ward St. 10 ch. o.

Club. *Kandy C.*

Banques : *National B. of India ; — Mercantile B. of India.*

de Kandy à Colombo (63 m.).

Kuala Lumpur ⊠ ☎ ⓣ s ☎ f 🖼 🖼 o

Hôtels : 🖼 *Empire H.*

Station H., à la gare. o P. dep. 9 $. Ch. 5 $ 25. Repas, 1 $; 1 $ 25
et 1 $ 75.

Gr. Oriental H.

de Pinang à Singapore.

Marseille ⊠ ☎ ⓣ s ☎ f 🖼 🖼 🖼 o

Hôtels : les prix sont sujets à modifications.

H. du Louvre et de la Paix, 3, r. Noailles. o. 140 ch. Asc. Chambres
de 30 à 100 frs. Repas, 5, 20 et 22 frs.

H. Noailles et Métropole, 22, r. Noailles. o. 135 ch. Asc. Ch. de 40 à
100 frs. Repas, 6, 20 et 20 frs. Chauff., 35 frs (b. c.).

Splendid H. d'Angleterre et de Russie, 39, boul. d'Athènes. o. 150 ch.
Asc. Ch. de 25 à 75 frs.

Regina H., 3, pl. Sadi-Carnot. o. 250 ch. Asc. Ch. de 18 à 75 frs. Repas,
4, 16 et 18 frs.

Grand Hôtel., 28, r. Noailles. o. 90 ch. Asc. Ch. de 20 à 60 frs. Repas,
4, 18 et 20 frs. Chauff. 35 (b. c.).

Terminus H., gare St-Charles, à 1 k. du port. o.

H. Bristol (meublé) et Rest. de l'*Univers*, 19, r. Cannebière. o. 50 ch.
Asc. Ch. de 25 à 60 frs. Repas, 4, 16 et 18 frs (b. n. c.). Chauff. 30 frs
(b. c.).

H. de Genève, 3 bis, r. Reine-Élisabeth. o. 55 ch. Asc. Ch. de 16 à 60 frs.
Chauff. 30 frs (b. c.).

H. de la Poste (meublé) et Brasserie *Colbert*, 2 et 9, rue Colbert. o, 120 ch.
Asc. Ch. de 12 à 25 frs. Repas, 3, 9 et 9 frs (b. n. c.).

H. de Bordeaux et d'Orient, 11 ,boul. d'Athènes. o. 52 ch. Asc. Ch. de 14
à 60 frs.

Foyer Colonial, allées de Meilhan, fréquenté par les coloniaux. o Chambres de 8 à 16 frs. Repas de 5 à 12 frs.

Restaurants : * *de la Réserve* et H., 317, promenade de la Corniche. Rep. 25
et 25 frs.

Pascal. 27, pl. Thiers. Rep. à la carte.

Ragueneau, 17, boul. Dugommier. Rep. 9 et 9 frs (b. n. c.).

Préfecture, les Bureaux, 1, rue Edmond-Rostand, ouverts de 10 h. à midi
et de 14 à 17.

Mairie, quai du Port.

Service colonial, 40, boulevard de la Major.

Trésorerie générale, 51, rue Grignan.

Tourisme. *Syndicat d'Initiative*, 2, r. Paradis; — *Cook & Son*, 11 B, r. de
Noailles.

⊠ ☎ ⓣ s ☎ f au bureau Central.

Banques :

*B. Franco-Chinoise pour le Commerce et l'Industrie (Sté fr. de Gérance de la
B. Industrielle de Chine)*, 24, r. Grignan.

B. de France, 1, pl. Estrangin-Pastré; — *Crédit Lyonnais*, 25, r. St-Ferréol; — *Société Générale*, 24, r. Noailles; — *Comptoir National d'Escompte* de Paris, 1, pl. St-Ferréol; — *Société Marseillaise* de Crédit Industriel, Comm. et de Dépôt, 75, r. Paradis.

🚂. De Marseille à Paris, 862 k. en 12 h. 30 par les rapides; à Lyon, 350 k. en 5 h. 03; à Nice, 225 k. en 4 h. 35; à Londres, etc.

🚢 Services pour l'EXTRÊME-ORIENT : Ceylan, Malaisie, Indochine, etc.
Messageries Maritimes, agence, 3, place Sadi-Carnot (adresse télégr. : « Licorne »; ⓣ 68-03); dép. tous les 8 jours pour l'Indochine, par Sài-gòn.

Chargeurs Réunis, agence chez Worms et Cie, 28, rue Grignan. Les départs des paquebots s'effectuent vers 14 h. de la 4ᵉ section des Docks. Service régulier tous les 28 j.

Peninsular and Oriental, Estrine et Cᶦᵉ, 18, rue Colbert; départs tous les 8 j. sur Bombay; tous les 14 j. pour Ceylan avec correspondance pour l'Extrême-Orient.

Pour les autres Compagnies, voir aux RENSEIGNEMENTS et aux INDEX de Colombo, de Singapore, etc.

Mount Lavinia ✉ 🏴 ⓣ 🚂 ○

🏨 *The Mount Lavinia Grand H.*, à 7 m. de Colombo, bien situé, sur le bord de la mer. Bains, ○ P. dep. 8 Rs. Repas, 3, 3 et 4 Rs.

🚂 de Colombo (8 m. 70) à Matara.

Nuwara Eliya ✉ 🏴 ⓣ 🚂 ○

Hôtels : 🏨 *Grand Central H.* Direct. parle anglais, français, allemand. ○. 50 ch. Ch. dep. 3 Rs. P. dep. 9 Rs. Repas, 2 Rs 25, 2 Rs. et 3 Rs. P. Heures des repas : thé, 6 h. 30; déj., 9 h. 30; tiffin, 13 h. 30; dîn. 19 h. 30.
🏠 *New Keena House*, près de l'United Club. ○.
🏠 *Saint-Andrew's H.*, à 10 m. de la station. ○. Direct. parle l'anglais, français, allemand. 50 lits.
🏠 *Carlton House.* ○. 10 ch. P. dep. 7 Rs.
🏠 *Mary hill H.* ○.

Clubs. *Hill C.* (les touristes peuvent y être admis; s'adresser au secrétaire). Divers clubs sportifs.

Banque. *National B. of India.*

Tourisme : *Cook and Son.*

🚂 de Colombo (128 m. 6) à Badulla.

Pinang ✉ 🏴 ⓣ ₛ🏴ꜰ 🛥 🚢 ○

Hôtels : 🏨 *Eastern & Oriental H.*, 10, Farquhar St., à 3/4 de mille des Jetées, sur la côte N. ○. P. de 6 à 8 $.
🏠 *Runnymede H.*, en façade sur la mer, près du Penang Club. Entrée Northam R. Tennis. ○. Direct. parle le français, l'anglais. 60 lits. P. dep. 5-6 $ et 6-8 $ pendant la saison. Repas, déj. à 8 h.; lunch à 13 h.; dîner à 20 h.
🏠 *Raffles-by-the Sea* ○.
🏠 *H. de l'Europe.* ○.
🏠 *Falmouth House.* ○.
PENANG HILLS 🏨 *Crag H.*, sanatorium à 650 mèt. d'alt. ○.

Rikisha, « Voiture à bras ». Première classe : 1/2 mille, 10 cents; une h., 52 cents; chaque quart d'heure commencé en plus, 12 c.

Voitures, « Hackney Carriages », pour 2 voyageurs, 1/2 m., 30 et 25 cents; l'heure en ville, $ 1.

🚗 (Motor-Cars), une heure, $ 4. Pour faire le tour de l'île, $ 20 (faire son prix).

Tramways électriques partent des jetées et comprennent plusieurs lignes :

A, *Jetty à Ayer Itam* (4 sections), 20 cents; — B, *Jetty à Sungei Penang* (4 sections), 20 c. — Départs toutes les 12 min. — C, Funiculaire des *Pinang Hills* (trajet en 18 min.), $ 2 all. et ret.

Banques : *Hongkong and Shanghai B. C.* — *Chartered B. of I. A. C.* — *Mercantile B. of I.* — *Nederlandsche Handel Mij.*, 9, Beach St. — *Nederlandsch-Indische Escompto Mij.*, 22, Beach St.

Consulats : de France; de Hollande; des États-Unis; d'Allemagne; du Siam.

Clubs : *Penang C.*, Northam Road, à 2 milles des jetées; — *Automobile C.;* — *Penang Turf C.* (Champ de courses).

Librairies : *Pritchard Co; Criterion Press*, 225, Beach St.

Journaux : *Penang Gazette Press*, quotidien, plus une édition hebdomadaire; — *Straits Echo*, quotidien.

⚓ Ferry-boat pour *Prai* correspond avec les départs et les arrivées des trains des lignes de Bangkok et de Singapore.

🚢 sur Singapore, sur Rangoun, sur Calcutta, sur Colombo et Marseille, sur les ports de la Malaisie et de l'Insulinde.

Pour Marseille ou l'Europe : *Messageries Maritimes*, agents, Boustead Co, Weld Quay, tous les 28 j.; — *Peninsular and Oriental*, tous les 28 j. (prix, £ 90 et 84 en 1re cl. et £ 62 et 56 en 2e cl.); — *Nippon Yusen Kaisha*, Boustead Co, tous les 28 j. (prix, 1re cl. : $ 703 et 660; 2e cl. : $ 463); — *Norddeutscher Lloyd*, etc.

British India S. N., chaque semaine : 1º sur Rangoun, 2º sur Singapore; 3º sur Madras; 4º sur Calcutta.

Straits Steamship Co : CÔTE N., chaque samedi, sur Tongkah (Puket), Ranong (Kra), et Kopah (Takua Pa); — tous les 28 j., sur Tongkah, Kopah, Ranong, Victoria Point, Mergui, Tavoy et Moulmein; — tous les 14 j., sur Langkawi (île) et Kantang (Trang); chaque lundi, les ports jusqu'à Setul. — CÔTE S., régulièrement tous les ports de la côte O.; les mardis, jeudis, samedis, à 17 h., sur Singapore en 36 h. avec escale à Swettenham; — les mardis et vendredis, à 16 h., sur Balawan-Deli (Sumatra), etc.

⚓ *Eastern Shipping Co*, services sur la côte siamoise.

⚓ *Koninklijke Paketvaart Mij.*, chaque semaine, sur Balawan-Deli et la côte E. de Sumatra; — chaque quinzaine, sur Padang, *via* Sabang, Atchin et la côte O. de Sumatra; — chaque semaine sur Singapore et Batavia.

Port-Saïd ✉ ✝ Ⓣ S ✝ F 🏛 🚢 o

Hôtels : 🏨 *Eastern Exchange H.*, rue Sultan-Osman. o. 100 ch. Déj. de 8 à 10 h.; lunch, à 13 h.; dîn. à 19 h. 30.
🏨 *Casino Palace H.*, sur le quai, à l'angle de la plage. o. 45 ch., jardin.
🏨 *H. de la Poste*, rue du Nil. o. 70 lits.
🏨 *Marina Palace H.*, quai François-Joseph. o. 60 ch.
🏨 *H. Continental*, rue El-Tegara, à 10 min. de la gare et à 5 min. du débarcadère. o. 56 ch.

Tourisme : *Cook & Son*, 15, rue Sultan-Hussein; — Agence Cox.

Banques : *Comptoir d'Escompte;* — *Crédit Lyonnais*, rue du Nil; — *Comptoir Lyon-Alemand;* — *National B. of Egypt;* — *Anglo-Egyptian B.*, rue du Nil.

✉ rue du Nil.

✝ ✝ Câble par *Eastern Telegraph*, quai François-Joseph.

🚂 sur le Caire et sur Suez, par Ismailya; sur Jérusalem, par El Qantara; départs à 8 h., 12 h. 30 et 18 h.; arrivées à 12 h., 15 h. et 22 h. 30.

🚢 sur Marseille et tous les ports de la Méditerranée; — sur les Indes et sur l'Extrême-Orient; — sur Ceylan et l'Australie.

Singapore ⊠ ⌀ Ⓣ s⌀F 🚉 🚃 🚢 🏛 ○

Hôtels : 🏨 *Raffles H.* Beach Road, sur Raffles Reclamation. ○.
🏨 *Gr. H. de l'Europe*, sur l'Esplanade, à l'angle de High St. ○. 120 ch. P.
de 8 à 12 $. Concert pendant le lunch et le dîner.
🏨 *Adelphi H.*, Coleman St. ○. 100 ch. avec salle de bain. Asc. P. dep.
8 $. Thé, 1 $; déj. (7 à 10 h.), 1 $ 25; lunch (12 à 14 h. 30), 1$ 75; dîner
(19 h. 30 à 21 h.), 2 $ 50.
🏨 *Grosvenor H. O.*, hôtel de famille.
🏨 *H. de la Paix*, 3, Coleman St., ○. 40 ch.
🏨 *H. Van Wijk*, 2 Stamford Road. ○. Cuisine hollandaise. 50 ch. P. dep. 6 $.

Aux Environs : 🏨 *Sea View H.* Sanatorium à Tanjong Katong, plage située
à l'E. de la ville et reliée par un tramway (30 min.). ○. 100 ch. P. dep.
8 $. Thé, 1 $; déj. (8 h.), 1 $ 50; lunch (13 h.), 1 $ 75; dîner (20 h.),
3 $ 25, orchestre. Golf, tennis, bains, dancing, cinéma.

🚗 1° de place, $ 3 la 1re heure, complète ou non; 75 c. chaque quart d'heure
commencé en plus; — 2° de louage, s'adresser aux hôtels, ou aux principaux
garages : pour 4 pers., env. $ 5 la première h. et $ 3 la suivante; $ 30 la
journée.

Voitures : *Hackney Carriages :* 1/2 mille, 20 cents; 1 m., ou pour chaque
fraction de mille, 30 c.; l'heure, en ville, $ 1; la journée de 9 h., $ 5. Chaque
bagage, 15 c. — Le règlement se fait d'après la distance parcourue. Du *P.
and O. Wharf* à *Raffle's Hôtel* (3 m. 1/2), on compte 4 m., soit $ 1 pour 2 per-
sonnes; il est dû un supplément s'il y a plus de 2 voyageurs. — Si la voiture
est prise à l'heure, prévenir le cocher avant de l'engager.

Rikisha, « Voiture à bras ». 1re *cl. :* 1/2 mille, 10 cents; 1 mille, 20 cents.
Prévenir si la voiture est prise à l'heure. 1 heure, 52 cents; chaque quart en
plus, 13 cents. — 2e *cl. :* 1/2 mille, 6 cents; 1 mille, 12 cents; l'heure, 40 cents;
chaque quart d'heure en plus, 10 cents. — Si on ne parle pas malais ou chinois, diriger soi-même le couli-rikisha qui, sans comprendre, répond par poli-
tesse invariablement « yes ».

Tramways : 1, des quais de *Keppel Harbour* à la gare centrale de *Tank
Road* (20 c.), par les quais de Tanjong Pagar, la poste, Anderson Bridge, High
Street; — 2, *Tanjong Pagar Dock à Gayland* (20 c.), par Boustead Institute,
South Bridge Road, North Bridge Road; — 3, *Raffle's Hôtel à Paya Lebar*
(15 c.), par Bras Basah R., Serangoon R.; — 4, Lavender Street (2 c.), de
Serangoon R. à Gayland R.
Le tarif par section est de 5 cents en 1re cl. et de 3 c. en 2e cl. — Les services
fonctionnent de 6 h. 30 ou 7 h. jusqu'à 23 h.; les départs ont lieu toutes les 5
à 8 min.

Clubs : *Singapore C.*, Exchange Building, Collyer Quay. Divers autres
cercles et sociétés sportives.

⊠ Bureau central, près de Cavenagh Bridge. Port des lettres, à l'étranger,
12 cents. Cartes postales, 8 c.

⌀ Bureau, 3, Raffles Quay, près du Marché, ouvert jour et nuit.

⌀ Robinson Road (*Eastern Telegraph*).

Pour l'étranger, le mot :	ordinaire	différé
France, Grande-Bretagne	1 $ 25	0 $ 60
Cochinchine	0 $ 40	0 $ 20
Tonkin	0 $ 60	0 $ 30
Ceylan, Indes	0 $ 60	0 $ 30
Djibouti	1 $ 25	0 $ 65
Égypte	1 $ 25	0 $ 65
Hongkong	0 $ 45	0 $ 23
Shanghai	0 $ 60	0 $ 30
Japon	1 $ 00	0 $ 50

Consulats : de *France*, Raffles Chambers; — de *Belgique*, Battery Road; — de *Hollande*, 11 St-Helen's Court; — de *Portugal*, Raffles Square; — des *Etats-Unis*, Union Building; — de *Suisse*, 117, Market Street; — d'*Allemagne*; — de *Chine;* — du *Siam;* — du *Japon*, 10, Raffles Chambers.

Établissements scientifiques : *Raffles Museum* et sa Bibliothèque; — *Société royale asiatique* (Straits Branch) publie une revue trimestrielle; — *Jardin botanique.*

Journaux : Les principaux paraissent chaque jour sur un grand nombre de pages et publient une édition hebdomadaire : *Straits Times;* — *Singapore Free Press;* — *Malaya Tribune and Shipping Gazette.* — Journaux malais, chinois, tamouls.

Théâtres. Cinémas. *Victoria Theatre*, au Memorial Hall; — *Casino Cinematograph Hall;* — *Palladium;* — *Alhambra;* tous Orchard Road; — *Gaiety Picture Palace,* Albert Street; — *Royal Theatre,* North Bridge Road.

Tourisme : *Cook & Son*, 6, Battery R.

Banques : *B. de l'Indochine* (fr.), Raffles Place; — *Hongkong & Shanghai B. C.*, Collyer Quay; *Chartered B. of India, Australia, China,* Battery Road; — *International B. C.* (amér.), 1, Prince St.; — *Nederlandsche Handel Maatschappij.* (holl.), 1, Cecil St.; — *Netherlands India Commercial B.* (holl.), 193, Cecil St.; — *Yokohama Specie B.* (jap.), 31, A. Prince St.; — *B. of Taiwan* (jap.), 100 Robinson R.; — *Chinese Commercial B.* (ch.), 64, Kling St.,; *Mercantile B. of India* (angl.), 21, Raffles R.

Librairies : *Kelly & Walsh,* Raffles Place; — *Fraser-Neave.*

⛺ sur Pinang et Bangkok.

⛺ sur tous les ports de l'Extrême-Orient, de l'Insulinde et des Indes.

Services rapides, sur Ceylan et l'Europe, d'une part, sur les ports de CHINE et du Japon d'autre part, sont assurés régulièrement par plusieurs grands paquebots postaux français, anglais, hollandais, allemands, japonais, etc. — *Messageries maritimes,* Finlayson Green, sur les quais, chaque semaine sur la France et sur Saigon; chaque quinzaine sur Hongkong; — *Chargeurs Réunis,* tous les 28 j., sur la France et sur l'Indochine; — *Peninsular and Oriental S. N. C.*, 11, Collyer Quay, tous les 28 j., sur l'Europe (Marseille) et la Chine; — *Blue Funnel L.*, tous les 28 j. sur l'Europe (Liverpool) et sur Shanghai; — *Stoomvaart Maatschappij « Nederland »* d'Amsterdam, ou par *Rotterdamsche Lloyd,* Collyer Quai, semaine sur Java d'une part, et sur la Hollande d'autre part (par Sabang, Colombo, Port-Saïd, Gênes, Alger, Tanger, Lisbonne, Southampton et Amsterdam, ou par Padang, Colombo, Port-Saïd, Marseille, Gibraltar, Tanger, Lisbonne, Southampton et Rotterdam); — *Norddeutcher Lloyd,* Collyer Quai, tous les 28 j. sur Hambourg et sur l'Extrême-Orient; — *Nippon Yusen Kaisha*, 31, Raffle's Place, tous les 14 j. sur l'Europe (Marseille) et sur le Japon; — *Compania Transatlantica,* sur Barcelone; — *Lloyd Triestino,* tous les 28 j., sur Trieste, et sur l'Extrême-Orient.

Services non postaux par : *Ben;* — *Ellerman and Bucknall;* — *Glen;* — *Osaka Shosen Kaisha;* — *Prince Line;* etc.

Services côtiers O., sur Pinang, par *Straits Steamship Co*, dép. lundi, mercredi, samedi, à 16 h., fait escale le lendemain à Port Swettenham, de 7 h. 30 à 17 h. (à 27 m. de Kuala Lumpur, 5 trains, trajet en 1 h. 30), arrive à Pinang le surlendemain à 8 h.; — côte E., Kuala Pahang, Kuantan, Kelantan, par *Straits Steamship Ct.*

Services sur le SIAM. Bangkok, par *Straits Steamship Co,* direct chaque samedi à minuit; par *Siam Steam Navigation Co.*

Sur l'INSULINDE (Indes hollandaises), par *Koninklijke Paketvaart Mij.* « Royal Packet S. N. C. » de Singapore, chaque semaine :

Sur Batavia, Samarang et Sourabaya; — sur Balawan-Deli; — sur Palembang, vià Muntok; — sur Djambi; — sur Rengat et l'embouchure de l'Indragiri; — sur Pinang, vià la côte est de Sumatra et Deli; — sur Pakan-Barœ; — sur Tandjong-Pandan; — sur Bandjermasin et la côte est de Bornéo.

Chaque quinzaine :
Sur Padang, viâ Pinang, Sabang, Atchin et la côte ouest de Sumatra; — sur Batavia, viâ Banka; — sur Pontianak; — sur les îles Anambas et Natoena; — sur Tominibay, viâ Java, Macassar, Nord des Célèbes, Sangir et les îles Talaud; — sur Ternate et Gorontalo; — sur Bali, Lombok, Soembawa, Florès, Soemba et Timor, viâ Java; — sur Java, Macassar, Ambiona, Banda-Neira, Ternate, Halmaheira et les côtes Ouest et Nord de la Nouvelle-Guinée.

Sur l'INDOCHINE. Saigon, par les *Messageries Maritimes*, chaque semaine; par les *Chargeurs Réunis*, tous les 28 j.

Sur les INDES. Bombay, par *Peninsular and Oriental S. N. C.*, par *Nippon Yusen Kaisha*, par *Osaka Shoshen Kaisha*;
Madras, Negapatam, par *British India;*
Calcutta direct, ou viâ Pinang et Rangoon, par *British India*.
Sur l'Australie. Melbourne, Sydney, par *The Burns Philp Line*, par *Koninklije Paketvaart Mij*.

Sur l'AFRIQUE DU SUD. Durban, le Cap, par *Nippon Yusen Kaisha*, par *Osaka Shosen Kaisha*.

Sur l'AMÉRIQUE DU NORD, par les deux Compagnies japonaises ci-dessus, les Compagnies canadienne et américaines dont les paquebots ont leur tête de ligne à Hongkong.

Suez ⊠ ⌀ ⊤ 🚃 🏨 o

🏨 *H. du Bel-Air*, près de la Gare, rue Colmar, o.

🚃 pour Port-Saïd ou le Caire, par Ismailya; départs à 7 h., 10 h. 40 et 17 h.; arrivées à 12 h. 45, 16 h. 30 et 23 h. 15.

INFORMATIONS

Voyages. Itinéraires. Chemins de fer. Compagnies de Navigation. Banques. Sociétés commerciales et industrielles. Hôtels, etc.

Les Guides Madrolle

indiquent tout ce qui est utile et indispensable de voir et de connaître dans les pays asiatiques.

Chine, Corée, Japon, Indochine, Java, Philippines, Siam, États Malais, Ceylan

S'adresser dans les Agences de voyage et les Librairies d'Extrême-Orient et d'Amérique.

PARIS :
Hachette
79, boul. Saint-Germain

HA-LONG

Excursion dans la

BAIE DE HA-LONG

une des merveilles du monde.

Service de Navigation de Haiphong à Mongcaï par chaloupes bien aménagées. Escales dans la Baie de Ha-long. Excursion *pittoresque ;* on navigue dans un dédale de rochers, percés de *grottes* extraordinaires. Visite aux mines de *Hongai.*

Monographie Madrolle :
Baie de Ha-long.

Angkor, dans le Sud de l'Indochine.

Touristes !

Ne vous rendez pas en Extrême-Orient sans descendre à

Saigon

pour aller aux célèbres Ruines

d'ANGKOR

où des centaines de monuments de l'art kmèr ont été élevés aux divinités brâhmaniques entre le VIe et le XIIe siècle.

Angkor Thom, dont l'enceinte se développe sur plus de 12 kilomètres. Au centre de la Grande Ville Royale, se dresse le **Bayon,** dominé par 51 tours décorées des quatre faces divines.

Angkor Vat, dont la tour centrale est haute de 60 mètres, possède des murs sculptés de scènes religieuses et historiques se développant sur près d'un kilomètre !

Prah Khan, Ta Prohm, etc.

HOTELS sur tout le parcours et aux ruines.

On s'y rend : 1° en Automobile, 2° par les Services à vapeur de Saigon à Phnom penh, puis navigation à travers le Grand Lac.

Monographie Madrolle :
Vers Angkor.

TARIF DE TRANSPORT

DE MARSEILLE EN INDOCHINE

Les Compagnies de Navigation délivrent des billets de passage pour les *escales* desservies par leurs lignes et, par des arrangements avec d'autres sociétés de transports, des billets pour des destinations plus éloignées, enfin des billets dits du *Tour du Monde*.

La Compagnie des MESSAGERIES MARITIMES et celle de la PENINSULAR AND ORIENTAL S. N. C. ont, pour assurer le trafic de leurs lignes d'*Extrême-Orient*, deux catégories de paquebots — A de grand luxe, B de bon confort — pour lesquelles les prix de passage sont également différents.

Ces prix de transport ayant pour base la monnaie *or*, nous donnerons les tarifs de la P. AND O., établis en £.

Les voyageurs calculeront le prix approximatif des billets délivrés par les M. M. en multipliant la £ par le cours du change. Ex. : Si, de Marseille à Singapore, le tarif anglais était de £ 86 et que le change en francs-papier ait été à 135, le prix du billet de passage français devait représenter 11.610 francs (fin mars 1926).

Les chiffres suivants ne sont donnés qu'à titre indicatif; ils sont sujets à changements; s'adresser aux Compagnies.

Marseille à :	1re classe Aller		Aller et ret.		2e classe Aller	
	A	B	A	B	A	B
Colombo	£ 86	et 76	150 et 133		58	et 52
Pinang, Bangkok ou Singapore	£ 90	et 84	157 et 147		62	et 56
Saigon ou Batavia	£ 95	et 89	167 et 157		67	et 61
Hongkong ou Manille	£ 96	et 90	168 et 158		68	et 62
Shanghai	£ 102	et 96	178 et 168		72	et 66
Kobé ou Yokohama	£ 106	et 100	185 et 175		74	et 68

Comme on le remarquera, le TARIF des paquebots de la *catégorie B* présente une réduction très sensible.

Cette différence se fait également sentir dans les prix demandés par d'autres Compagnies, française ou étrangères, ayant leurs ports de départ à Marseille, à Barcelone, à Gênes ou à Trieste.

La Compagnie des CHARGEURS RÉUNIS, qui a un service direct de Marseille en Indochine, présente un tarif très intéressant pouvant atteindre jusqu'à 20 % du prix fort cité plus haut.

DISTANCES ENTRE ESCALES

en milles marins de 1.852 mèt.

LIGNE DE CHINE-JAPON

MARSEILLE A YOKOHAMA

Marseille

Marseille	Port-Saïd	Suez	Djibouti	Colombo	Singapore	Saigon	Hongkong	Shanghai	Kobé	
1.510	Port-Saïd									
1.597	87	Suez								
2.881	1.371	1.284	Djibouti							
5.098	3.588	3.501	2.217	Colombo						
6.668	5.758	5.071	3.787	1.570	Singapore					
7.316	5.806	5.719	4.435	2.218	648	Saigon				
8.250	6.740	6.653	5.369	3.152	1.582	934	Hongkong			
9.074	7.564	7.477	6.193	3.976	2.406	1.758	824	Shanghai		
9.843	8.333	8.246	6.962	4.745	3.175	2.527	1.593	769	Kobé	
10.189	8.679	8.592	7.308	5.091	3.521	2.871	1.939	1.115	346	Yokohama

La distance de Hongkong à Fou-tcheou est de 456 milles et de ce point à Shanghai de 432 m.

LIGNE D'INDOCHINE

MARSEILLE A HAIPHONG

Marseille

Marseille	Djibouti	Colombo	Pinang	Singapore	Saigon	
1.510						
1.597						
2.881	Djibouti					
5.098	2.217	Colombo				
6.366	3.485	1.268	Pinang			
6.734	3.853	1.636	368	Singapore		
7.382	4.501	2.284	1.016	648	Saigon	
8.192	5.311	3.094	1.826	1.458	810	Haiphong

Un paquebot, qui fait 13 milles (ou nœuds) à l'heure, parcourt en 24 heures 312 milles, soit env. 578 kilomètres.

REVUE DE LA PRESSE

Nous avons jadis signalé à plusieurs reprises les explorations de M. Cl. Madrolle dans les diverses parties de la Chine, à Hainan, par exemple, et nous avons dit aussi que ce voyageur, qui a parcouru une grande partie des pays d'Extrême-Orient, a fait bénéficier le public de sa connaissance approfondie de ces régions en écrivant des Guides qui fournissent des renseignements très complets et très précis à celui qui veut les visiter. Au moment où l'on cherche avec tant de raison à attirer les touristes vers nos colonies, les *Guides Madrolle* sont une œuvre qui vient tout à fait à son heure et dont il convient de féliciter leur auteur.

Ces volumes ne contiennent pas seulement tout ce que l'on est strictement en droit d'attendre d'un guide, mais on y trouve aussi, amplement développées, des notions sur l'histoire, sur les populations, sur leurs coutumes et leurs croyances, sur le climat, sur les productions; tout le détail des temples et autres monuments est expliqué avec précision. En même temps que des guides, ce sont de précieuses notices sur les pays qu'ils concernent...

Gustave REGELSPERGER.

In *Quinzaine Coloniale*, avril 1914.

Chine du Nord. (*Corée.*) Paris, Hachette, in-12. Cartes et plans.

Le concours de MM. Chavannes et Vissière pour la Chine, de M. Courant pour la Corée, assure une valeur toute spéciale à cet ouvrage très documenté, importante contribution à l'histoire et à la géographie chinoises, à la géologie et à l'ethnographie asiatiques.

En dehors des descriptions sur les grandes villes, Pékin, Changhai, T'ien-tsin, Nankin, Séoul, etc., le touriste trouvera des notices très complètes pour aller aux sites bouddhistes de Wout'ai-chan, de P'ou-t'o, de T'ien-t'ai, aux grottes sculptées de Longmen, de Yun-kang, aux sépultures impériales des San-che-ling, des Tong-ling, des Si-ling, de Moukden, aux montagnes saintes de T'ai-chan, de Song-chan, aux sanatoria de Kou-ling, de Mo-kan-chan, aux plages de T's'ing-tao, de Tche-fou, de Pei-tai-ho, à moins qu'il ne préfère excursionner à la Grande Muraille ou en Mongolie, parcourir les champs de bataille de Mandchourie, escalader avec le chemin de fer les montagnes du Chan-si ou visiter en barque les pittoresques et imposants défilés du fleuve Bleu ou gorges d'Yi-tch'ang.

In *Bulletin du Comité de l'Asie française*. Paris, déc. 1911.

CHARGEURS RÉUNIS

58 navires. — 300.000 tonnes.

Services réguliers pour Passagers et Marchandises
au départ de Hambourg, Anvers, Dunkerque, Le Hâvre,
La Rochelle-Pallice, Bordeaux, Marseille
vers l'INDOCHINE, la COTE OCCIDENTALE D'AFRIQUE,
le BRÉSIL, l'URUGUAY, l'ARGENTINE

LA " LIGNE DES CAPS "

Paquebots neufs à classe unique

CAP-SAINT-JACQUES
CAP-PADARAN
CAP-VARELLA
CAP-TOURANE
CAP-LAY

132 m. de long.

16.000 t. déplacement.

de MARSEILLE à SAIGON-TOURANE-HAIPHONG

Grand confort. Cuisine française renommée.

Pour tous renseignements, s'adresser à :

PARIS { Bureau des Passages, 3, boul. Malesherbes. } Téléph. Elysées 69-29
{ Bureau du Fret, 32, rue Boissy-d'Anglas. } à 69-35
MARSEILLE : Worms et Cⁱᵉ, 28, rue Grignan,
SAIGON : Agence Générale, 15 et 16, quai Le Myre de Villers.
HAIPHONG : Agence, boulevard Bonnal.
TOURANE : J. Fiard et Cⁱᵉ.

EXCURSION D'ANGKOR

On se rend de **Sài-gon** (ou de Phnom-penh) à **Angkor** soit par la VOIE D'EAU, soit par la VOIE DE TERRE. Les touristes, désireux de voir l'aspect du pays par les divers itinéraires, peuvent aller à Angkor par les services d'autocars et en revenir par les paquebots fluviaux.

VOIE D'EAU.

La *Compagnie des Messageries fluviales* effectue toute l'année, par vapeurs confortables, trois services sur Phnom-penh, et pendant la saison des hautes eaux (juillet à janvier) deux services sur *Angkor*.

La Cᵗᵉ délivre aux touristes, à Sài-gòn, des *billets d'excursion* pour *Angkor* assurant le passage en 1ʳᵉ classe, le logement, la visite des ruines et le transport, un arrêt à Phnom-penh et le retour (Prix de 181 $ à 200 $, à forfait, selon la durée du billet; les Indochinois bénéficient d'une réduction).

VOIE DE TERRE.

550 k. par la R. C. nᵒ 1. Services d'autocars réguliers depuis Sài-gòn, prix env. 35 $ aller, par la *Cᵗᵉ des Transports et Messageries automobiles du Cambodge*.

PROVISION POUR BIEN VISITER ANGKOR.

Voyage : aller, Sài-gòn à Angkor, en autocar postal.............. 35 $
    Retour, Angkor à Sài-gòn, en paquebots fluviaux........... 52 $ 80
    (Angkor au Grand Lac (3 $ 20); du débarcadère au bateau (1 $); voyage en paquebot à Phnom-penh (15 $ 70), puis à Sài-gòn (22 $ 90); on peut descendre à Mi-tho (17 $ 75) pour prendre le chemin de fer.

Repas et logement : 3 j. de voyage, 4 j. de séj. à Angkor, 2 j. à Phnom-penh = 9 j. de placement à 12 $....:................. 108 $
Séjour à Angkor. Visite des ruines............................ 25 $ 50
    Petit circuit, puis grand circuit en auto (6 + 3.50) (Location d'autos, de 16 à 25 $); promenade nocturne par pleine lune sur les circuits (8.); promenade à Siem-reap (3.); promenade à éléphant (3.); 2 demi-journées de guide (à 1.).

Séjour à Phnom-penh; bagages, etc......................... 20 $
Argent de poche, achats et divers........................... Mémoire.

REVUE DE LA PRESSE

Indochine du Nord. (*Tonkin, Annam, Laos.*) Paris, Hachette, in-12, XII + 7 + LXIII + 364 p., et 48 cartes ou plans en noir ou en couleurs.

Plus de vingt années se sont écoulées depuis le jour où M. Madrolle publiait sur l'*Indochine* un premier guide général.

... Depuis lors, M. M. a montré comment il savait tenir la promesse faite en 1902, en refondant et en mettant au point, dans une série d'éditions générales ou partielles, les premiers renseignements qu'il avait réunis sur l'Indochine. Chacune de ces éditions a marqué un notable progrès sur la précédente. Ces améliorations successives sont certainement dues à une collaboration de plus en plus étroite entre l'auteur et les amis de ses guides. Pour montrer à quel point ce travail en commun fut fécond, il suffit de mettre en face des 80 pages traitant de l'Indochine du Nord dans le guide de 1902, le beau volume de 400 pages aujourd'hui consacré au même sujet... Il faut reconnaître que ce nouveau guide n'est pas loin d'être parfait dans l'ensemble. Il se recommande par la richesse de son information ethnographique, géographique, historique et archéologique; la partie touristique est particulièrement soignée. Les corrections à apporter aux affirmations de l'auteur sont toutes relatives à des points de détail.

... L'ensemble du volume porte la marque de la grande expérience de l'auteur. Il est à souhaiter que l'administration indochinoise sache profiter de cette expérience et des résultats remarquables que M. Madrolle a obtenus dans ce genre de recherches. Nul mieux que lui n'est qualifié pour tirer parti des renseignements officiels qui pourraient être réunis sur notre grande colonie et pour nous donner le guide irréprochable qui manque encore à l'Indochine.

L. AUROUSSEAU.

In *Bulletin de l'École française d'Extrême-Orient*, tome XXIII. Hanoi. 1923.

COMPAGNIE FRANÇAISE

DES

CHEMINS DE FER DE

L'INDOCHINE ET DU YUNNAN

Société anonyme au capital de 17.500.000 francs

Siège social : 89, rue de Miromesnil, à PARIS

Direction de l'exploitation à HANOI (Tonkin)

Agence principale à MONGTSEU (Yunnan)

Ce réseau comprend :
1° *La ligne de Haiphong Hanoi Laokay.*
2° *La ligne de Laokay à Yunnan-fou.*
Il constitue le débouché principal de la Chine méridionale vers la mer, en même temps que l'instrument de mise en valeur du bassin du Fleuve Rouge.

Exportations du Yunnan : Étain, Plomb, Thés, Peaux, etc.
Importations : Cotons filés, Cotonnades, Pétroles, etc.

La ligne a 387 kilomètres en territoire Tonkinois et 465 en territoire Chinois. **Elle s'élève jusqu'à l'altitude de 2.100 mètres à travers des sites pittoresques ou d'une sauvage grandeur, dignes du grand tourisme.** Travaux d'art remarquables.

Parmi les sites touristiques desservis par les stations du réseau tonkinois : *Do-so'n*, plage marine (par Haiphong); — *Cascade d'Argent*, station d'altitude à 930 mèt. (par Vinh-yên); — *Chapa*, station d'altitude à 1.500 mèt. (par Laokay).

TRAJET : de **Haiphong** à :

Hanoi, en trois heures; — *Laokay*, en douze heures; — à *Mongtseu*, en vingt heures par train de nuit, ou en un jour et demi avec arrêt, la nuit, à Laokay; — à *Yunnan-fou*, en trois jours avec arrêts, la nuit, à Laokay et à Ami-tcheou.
Aux stations de Laokay et d'Ami-tcheou, Hôtels européens.

R. C. : Seine N° 103.670

Indochine du Nord. (*Tonkin, Annam, Laos.*) Paris, Hachette.

Au moment où je quittais l'Indochine, ce guide tout récemment édité y parvenait. Je l'ai lu et étudié avec la passion d'un homme qui vient de voir par lui-même une bonne part des pays décrits et avec la curiosité d'y découvrir tous les renseignements qui lui ont manqué. Aucune déception n'a été de moi éprouvée; je dois dire avec précision quelle admiration réelle est la mienne pour celui qui a eu la patience opiniâtre et qui a pris la peine de noter, en lieu place, et avec leur vrai sens, tant d'informations dont les sources sont aussi dispersées que disparates. Madrolle avait déjà publié un guide général sur l'Indochine « alors que l'exposition de Hà-nôi, décidée par le gouverneur général M. Doumer révélait une Indochine naissante au public étranger ». Maintenant que l'Indochine est devenue un véritable État vigoureux et prospère, et que tant de Français ont travaillé à la connaître, puis à l'organiser, puis à l'enrichir, tout ce que le touriste instruit y cherche et y peut visiter est en bien des cas différent, et surtout l'ensemble en est incroyablement plus vaste que les curiosités archéologiques ou sites qui s'offraient au voyageur il y a vingt ans. La documentation historique et archéologique de Madrolle est de fort bon aloi. Son exactitude géographique n'est nulle part en défaut. Pouvait-on mieux espérer? Nous attendons avec impatience le second volume qui nous est promis sur l'*Indochine du Sud*.

Jean BRUNHES,
professeur au Collège de France

In *La Géographie*. Paris, juill. 1923.

Indochine du Nord. (*Tonkin, Annam, Laos.*) Paris, Hachette.

Dans la partie essentiellement touristique, M. Madrolle pormène le voyageur au Tonkin, au Laos, en Annam, à travers 91 descriptions d'itinéraires ou de sites pittoresques, archéologiques ou religieux, depuis les rivages de l'Océan jusque dans la vallée du Mékhong.

Tourane et les montagnes de Marbre; Hué, son temple du Ciel et ses tombeaux impériaux; la baie de Ha-long, une des merveilles de la nature; la montagne sainte du Tan-vien; les sanatoria du Tam-dao, et de Cha-pa; la région pittoresque des Babé; Dông-quang, le Mg. Khuong et leurs variétés ethnographiques; la rivière Noire et ses canyons; le plateau Phuon et ses monuments mégalithiques; les parcours de chasse du Phu Qui et du haut Nam Ma; la curieuse Luang Phra-bang, capitale vénérée du royaume lao; Vieng-chan aux Cent pagodes, ne peuvent qu'attirer et retenir le touriste et lui faire apprécier la colonie.

Muni de ce manuel, le voyageur n'aura plus le droit d'ignorer l'Indochine et de passer au large sans y faire escale.

SOCIÉTÉ FRANÇAISE

DES

DISTILLERIES DE L'INDOCHINE

Société anonyme au Capital de 33 millions de francs

Siège Social : 10, rue La Boëtie, PARIS

Reg. commerce de la Seine : n° 148,193

Siège administratif
pour le TONKIN et l'ANNAM
55, boul. Gambetta, HANOI

Siège administratif
pour la COCHINCHINE et le CAMBODGE
19, place du Théâtre, SAIGON

USINES

au TONKIN, à **Hanoi, Haiduong, Namdinh**
en COCHINCHINE, à **Cholon-Binhtay**

Alcools - Rhum
Riz - Riz désazoté - Amidon
Sucramylose - Dextramylose
Extraits azotés
Huiles

Chine du Sud. (*Java, Japon*). Paris, Hachette, in-12, 12
+ XXVII + CXXXVI + 520 p. et 54 cartes et plans.

C'est un ouvrage très documenté qui permet aux voyageurs
de faire escale dans tous les ports des mers de Chine depuis
l'Insulinde jusqu'au Japon.

Des informations récentes aident les touristes dans le choix
de leurs itinéraires, tandis que les articles de l'Introduction
donnent à ceux qui ne peuvent être du voyage le regret de ne
point partir. On lira les chapitres sur l'Histoire de la Chine, les
Arts, les Religions, les Voyageurs chinois, les Populations...

Le touriste, curieux d'étudier la Chine, ne se contentera pas
de descendre dans les ports principaux, mais il excursionnera
dans l'intérieur et profitera des lignes de navigation fluviales et
des voies ferrées pour aller voir les Chinois chez eux et visiter
les sites les plus remarquables de leur pays jusqu'au Yun-nan.

Parmi ces lieux et centres attractifs, nous voyons successi-
vement filmer : Hongkong, l'emporium de l'Extrême-Orient;
Macao, le Monte-Carlo asiatique; Canton, aux ruelles grouil-
lantes; les gorges de Tchao-k'ing, sur le Si-kiang; les défilés de
Ts'ing-yuan sur le Pei-kiang, à proximité de la voie ferrée de
Chao-tcheou (viâ Han-k'eou); la montagne sainte de Heng-
chan; les mines de Ngan-yuan; Soua-t'eou, en pays hok-lo;
A-moi, port de la vieille cité de Ts'iuan-tcheou; Fou-tcheou, et
ses pèlerinages bouddhiques de Kou-chan et de Young fou;
Wencheou, au pays des orangers; T'ai-tcheou, et les temples
de T'ien-t'ai; Ning-po et les pagodes de T'ien-tong; l'île de P'ou-
t'o et ses célèbres pagodes bouddhiques; Hang-tcheou, la Quin-
say de Marco Polo, avec les temples du Si-hou; enfin, Chang-
hai, au débouché du fleuve Bleu, le grand port de la Chine et le
plus important centre commercial et industriel.

Tous ces sites invitent l'étranger à prendre contact avec le
monde chinois et à étudier davantage ce peuple si particulier,
si vieux par son histoire et par sa civilisation.

Passagers ! ne vous embarquez pas sans votre guide de la
Chine du Sud.

TOURISTES et RÉSIDANTS !

L'Indochine possède de multiples centres d'attractions :
Sites archéologiques, territoires cynégétiques, sites touristiques, plages balnéaires, sites hydrominéraux... Tous méritent d'être connus.

Cependant, dans l'intérêt de votre santé, faites chaque année une *cure alpestre* dans une **station d'altitude** :
Bana (1.440 mèt. d'alt. ; Annam C.) ; — *Bokor* (1.060 mèt. ; Cambodge S.-O.) ; — *Cascade d'Argent* (930 mèt. ; Tonkin, à 70 kil. de Hanoi) ; — *Chapa* (1.500 mèt. ; Tonkin N.-O.) ; — *Dalat* (1.475 mèt. ; Annam S.)... Vous trouverez partout des Hôtels.

MAINE - HOTEL

64-66, Avenue du Maine, PARIS (14e)

près de la Gare Montparnasse, des stations du Métro, du Nord-Sud

---

GRANDS et PETITS APPARTEMENTS

60 chambres de 8 à 18 francs

LAVABOS A EAU COURANTE, CHAUDE ET FROIDE.
:: CHAUFFAGE CENTRAL - ÉLECTRICITÉ - BAINS ::

:: :: Arrangement pour séjour :: ::
pour appartement et petit déjeuner

Tél. : **Fleurus 40-68**

HOTEL MÉTROPOLE
HANOI

120 chambres et 140 lits
dont 10 appartements avec Salon et
Salle de Bain

ORCHESTRE SYMPHONIQUE

THÉS - DINERS ET SOUPERS DANSANTS

SOCIÉTÉ DES DISTILLERIES DE L'INDOCHINE

Laboratoire dans une des usines de la Société.

HORAIRE DES CHEMINS DE FER

S'assurer toujours s'il y a eu des modifications.

CEYLAN

Colombo à Kandy

Trajet en 3 h. 50 par express; dép. à 7 h. 25, 14 h. 10 et 21 h.; en plus de 5 h. par omnibus, à 9 h. 10, 17 h. 50; — le dim., expr. à 7 h. 25.

Kandy à Colombo

Trajet en 3 h. 20 par express, dép. 3 h. 25, 7 h. 05, 13 h. 50, 15 h. 32; par omnibus, à 3 h. 05; — le dim., expr. à 15 h. 32.

MALAISIE

Singapore à Johore

Trajet en 59 m.; dép. de Tank Road à 7 h. 28, 8.42, 9.39, 10.39, 11.39, 12.39, 13.39, 14.39, 15.39, 16.25, 17.27, 20 h.

Johore à Singapore

Dép. à 6 h. 47, 7.40, 8.55, 9.55, 10.55, 11.55, 12.55, 13.55, 14.55, 15.55, 16.55, 17 h. 45.

Singapore à Pinang

$ c.	milles						
»	»	Singapore	7.28	20.00			
1.14	16	Johore	8.24	20.51			
8.97	137	Gemas	13.56	1.38			
10.97	170	Tampin	15.33	»			
15.72	246	Kuala Lumpur a..	19.20	6.45			
		d .	20.00	8.00			
23.84	376	Ipoh	1.08	13.00			
27.15	429	T'ai-p'ing...........	3.39	15.24	7.35	9.55	1.39
30.47	482	Bukit Mertajam.....	5.48	17.29	10.11	12.42	16.21
»	489	Prai a	6.02	17.43	10.28	12.59	16.40
		d	6.17	17.57	10.43	13.09	16.55
31.06	»	Pinang	6.43	18.23	11.09	13.35	17.21

Pinang à Singapore

$ c.	milles						
»	»	Pinang	8.00	19.30	6.20	11.35	16.40
»	»	Prai { a	8.26	19.56	6.46	12.01	17.06
		{ d	8.43	20.10	7.05	12.16	17.18
0.66	7	Bukit Mertajam.....	8.57	29.24	7.28	12.37	17.37
3.97	60	T'ai-p'ing..........	9.38	22.23	10.15	15.26	20.07
7.29	113	Ipoh	13.13	0.56			
15.41	243	Kuala Lumpur { a..	18.22	6.25			
		{ d .	20.30	7.05			
20.16	319	Tampin	23.42	10.41			
22.16	352	Gemas	1.10	12.25			
29.72	473	Johore.............	6.47	17.45			
31.06	489	Singapore	7.41	18.43			

SIAM

LIGNE DU SIAM

Pinang à Bangkok

Dép. à 8 h. 50 le vendredi, à 7 h. 15 le lundi; arrivée à Bangkok le surlendemain matin à 7 h. Wagon-restaurant et wagon-lits.

Bangkok à Pinang

Dép. à 7 h. le mercredi et le dimanche; arr. à Pinang le surlendemain matin à 6 h. 45. Wagon-restaurant et wagon-lits.

HORAIRE DES AUTOCARS

INDOCHINE

Saï-gon à Angkor, par Phnom-penh

550 k., prix env. 35 $. Service direct trihebdomadaire par autocars de luxe, à marche rapide, pouvant transporter 12 voyageurs et quelques bagages. Trajet dans la même journée. *Compagnie des Transports et Messag. automobiles du Cambodge.*

Saï-gon à Phnom-penh

235 k., prix 17 $ 55. Service quotidien, dép. à 5 h. 30; arrêt à Svaï-rieng; arrivée à Phnom-penh à 12 h. 30.

Phnom-penh à Angkor

315 k., prix 17 $ 32. Service trihebdomadaire; dép. à 6 h. 30; passage à Prek-dam (bac) à 7 h. 37; à Skun, 8 h. 45; à Barai, 9 h. 46; à Kg.-Thom, de 10 h. 55 à 12; à Kg.-Kedei, 14 h. 08; arr. à Siemreap, 15 h. 45.

Phnom-penh à Bokkor et à Ream

A Kampot 148 k., prix 8 $ 14; à Bokkor 189 k., prix 10 $ 39; à Ream 239 k., prix 13 $ 14.

Service trihebdomadaire. Dép. à 7 h. 15; passage à Ang-tasom 9 h. 14; à Kus, 9 h. 36; à Kâmpot, de 11 h. 15 à 14 h.; arr. à Bokkor, 16 h. 15. De Kâmpot direct pour Ream, dép. à 12 h., arr. à 15 h.

Nha-trang à Tourane

553 k., service quotidien par autocars.

Ho-raire	Prix	Kil.		Kil.	Prix	Ho-raire
	$ c.				$ c.	
18.00	18.48	231	Nha-trang (H)	»	»	6.00
15.30	15.84	198	Ninh-hoa	33	1.65	7.30
13.30	10.16	127	Phu-khê	104	5.20	9.50
12.30	8.88	111	d ⎧ Tui-hoa (H) ⎫ a	120	6.00	11.30
11.30			a ⎩ ⎭ d			12.30
8.15	4.75	59	Sông-Câu	172	8.60	15.30
6.00	»	»	d ⎫ Qui-nho'n ⎧ a	231	11.55	18.00
			(H)			
18.30	25.76	322	a ⎭ ⎩ d	»	»	6.00
17.50	24.16	302	Binh-dinh................	20	1.00	6.40
15.30	18.96	237	Bông-so'n................	85	4.25	9.00
15.00	17.68	221	Tam-quan	101	5.05	9.30
14.40	16.72	209	Sa-huynh	113	5.65	10.10
12.45	11.92	149	d ⎫ Quang-ngai ⎧ a	173	8.65	11.45
11.45			a ⎩ (H) ⎭ d........			12.45
9.20	6.96	87	Tam-ki	235	11.75	15.10
7.20	2.56	32	Faifo....................	290	14.50	17.10
7.00	1.76	22	Quang-nam	300	15.50	17.30
6.00	»	»	Tourane (H)	322	16.10	18.30

(H) Hôtel ou Hôtellerie.

L'expérience de chacun doit profiter à tous :

La Direction serait très reconnaissante aux lecteurs qui voudraient bien envoyer des renseignements touristiques pouvant améliorer l'ouvrage, lui donner plus d'attrait et le rendre plus utile.

Adresser la correspondance à M. le Directeur des *Guides Madrolle*, Librairie HACHETTE, 79, boulevard Saint-Germain Paris.

Pour être détaché.

MM. les touristes et résidants sont invités à collaborer aux éditions successives des Guides en communiquant leurs impressions de voyage, en donnant leurs appréciations sur les hôtels et bungalows, sur les moyens de transport, sur les routes, en signalant les sites et les itinéraires nouvellement aménagés.

Signature et adresse

9 782329 756806